Love in NYC

A journey to a better me.

Love in NYC

A journey to a better me.

Love in New York
Nick Hsu

感謝

這本書謹獻給我的家人，

還有那些幫助我完成這本書的朋友，

以及所有願意給我這個機會寫下這本作品的人，

特別感謝時報文化的可欣以及天鈞。

當然，還有正在看這本書的你。

我在紐約，愛你

Love in NYC *A journey to a better me.*

郁舜 Nick Hsu——著

推薦序：
這樣的他，最適合談情說愛

近幾年，「神回覆」的出現，全盤改變人們的閱讀生態。時代向前推進，我們的時間愈來愈零碎，願意停留在一本書的時間愈來愈短，身為讀者的我們愈來愈不容易滿足，貪求著新鮮與刺激；於是文字變短了、變犀利了，背後的意義也變得模糊。但還好，在這個時代，還有人願意寫深刻的字，像是郁舜。

郁舜和「女人迷」的緣分很深，從初創站就一路相挺至今，快四年了，他也紮紮實實寫了四年。這段期間，他在美國忙著找工作，忙著處理簽證，忙著換工作，忙著適應新環境，忙著處理很多狗屁倒灶的事，生活是動盪的，但他的字從來都溫柔，像有人拍拍你的背，鼓勵你「不要怕、不要慌，我還在這裡，挫敗都是生命中最值得的必經」。

看郁舜的字很久了，我都從小書迷成了主編，還是經常感動，還是在他的文字裡找到安慰。原來，一個人對寫作的喜愛，是不會輕言放棄的。日子再忙亂，依然保留時間提起筆，使寫作成為歲月裡最恬靜的存在、最誠實的自我交代。所以我既期待他的新書上市，又私心地希望他的文字只與女人迷的讀者分享。我在他身上看見寫字的人反覆思芻：我夠不夠真誠？我寫的是否是我所相信的？我有沒有違背了自己？十年或五十年後，能不能留下來？當作家把每次下筆都當成自省的刻鑿，讀者自然能感受到文字的價值。「文字有價」，談的從來不是價格，而是價值。

文字可以傷人也可以愛人；可以譁眾取寵也可以堅持誠實；可以輕易地挑起論戰也可以溫柔地撫平傷痛，郁舜毫不猶豫地選擇了後者。清晰說理的文字背後，飽含對世界更深的愛。這樣的他說自己不是兩性專家，我覺得好在不是，好在他對書寫依然兢兢業業，不使自己的意見成為唯一真理，依然保有謙卑。

由這樣的他來談情說愛，我覺得再適合不過了。

Love, 女人迷主編 Audrey

作者序：談情說愛

我不是很懂愛，也不是很瞭解情。但我卻想要利用這本書，和你們談情說愛。

當初決定寫這本書的過程有些掙扎，創作這本書的前三個月，我白天上班，晚上上課，假日還要準備會計師執照的考試，這是外在環境的壓迫；而內心世界的拉扯，則始於我對於談論兩性議題的躊躇。

看過我在Womany專欄的讀者們應該都知道，我常常發表對於兩性議題的看法。但看法終究是看法，那只是個人的情感抒發，如果要給予讀者關於愛情的專業意見或者指導，我則感到猶豫而不前，尤其擔心如果主題牽扯到國內與國外的比較，一些較為敏感的話題可能會被有心人士拿來大做文章。

對我來說，兩性專家的存在，似乎一直是無解的疑問。因為當你遇見了瞭解自己個性的另一半時，你根本不需要那些號稱專家者的指導；換句話說，每一個人都有與眾不同的愛情故事，而這些故事是因為曾經犯過的錯誤、走過不一樣的路，才讓人懂得珍惜，才散發出動人的浪漫。

這本書，就是在思考過各種不同的寫作方法之後，所誕生的產物。

我盡量客觀地對你訴說我在異鄉觀察到的事、訪問過的人，或者親身經歷過的故事，然後，我會提出自己的觀點。但這個觀點並沒有比較東西方之意，更沒有強烈地指出對與錯，我只希望這些議題能夠激發你們的興趣，然後重新思考自己的工作、家庭、愛情，甚至是人生。

常常有人對我說，寫文章要有爭議才有人看；要能夠激起論戰才有話題。但這不是我寫文章的初衷，因為我們的社會早已充滿暴戾與對立，而作家的工作是使大家靜下心來思考，而非加油添醋，或者是無病呻吟。所以，當你們讀這本書時，我希望你們從中獲得一些啟發，然後可以把啟發套用在自己的生活中。但千萬不要因為我批評某些事情而生氣或者不滿，因為每個人看事情的角度都不相同，而這本書的用意就是對於多元文化的觀察與包容。

距離我前一本書《顛覆紐約》的發行，又經過了兩年多的時間。兩年的時光過得飛快，卻留下很多痕跡。除了愛情，我也經歷了很多職場上的磨練，或者關注了許多有趣的社會議題，更精確地來說，這本書是我這兩年在紐約的生活日記，又或者是我從學生進入到社會的歷練過程。

真心希望你會喜歡這本書的內容，也感謝你願意給我這個機會，與你談情說愛。

二〇一五年六月，於布魯克林

目次 contents

不一樣。

變更好。

走下去？

SPIKE
Steve Reich and Musicians
Music for 18 Musicians
ACADEMY
HAND STYLE
ACADEMY
HAND STYLE
ALLAH

在一起。

01

做自己的愛情專家

當分手不再是世界末日，當他不再是這世界上的唯一……

最近，網路上突然多了好多兩性「專家」，有因為診斷愛情問題而爆紅的「神回覆」，而為愛情不順遂的女性量身打造的勵志文章也捧紅不少部落客。我一直都很納悶，為什麼臺灣的女性，尤其是我們這一代的年輕人，這麼需要「專家」的開示？

我不相信這個世界上有兩性專家存在，就算我相信，也沒有任何人可以為陌生人解決感情的問題——因為每一段戀情都是與眾不同的，只有你自己才知道失敗的答案。

臺灣人或許是壓抑和缺乏自信的民

族。打開facebook，常常看到朋友們放上自己感情的動態，有些人因為失戀而傷心，有些人因為熱戀而甜蜜，有些則純粹放上親密照——只為了「昭告天下」他很幸福。幸福感不再由自己的親身感受來衡量，而是由按「讚」人數做為基準。如果這篇狀態或這張照片按「讚」的人數愈多，代表感情愈幸福，代表有更多討厭的人在暗中忌妒。

但真的是這樣嗎？

當感情發生問題時，我們常常不去面對、思考、解決，反而需要兩性專家點提（解決方法可能往往在你心中存在已久，但你卻需要別人一兩句話肯定，才覺得這個方法是正確的、才恍然大悟）。臺灣人很需要被肯定，尤其是女性，不知道是不是受到傳統文化的影響，往往急著把自己「賣」出去。年齡愈接近三十歲的女生，如果沒有把自己「賣」在最高點，人生就是黑白的。除了親友催促之外，身旁的朋友也早就有了結婚對象，三十歲後又單身的你，聽著朋友們的安慰，生命彷彿只剩下孤獨。

正因為如此，我們習慣把每一段感情都看得很重，而每一次的分手都像是世界末日。但你可曾想過，如果分手不再是世界末日，如果眼前的這個男生或女生不再是你這一生剩下的唯一選擇時，你還會那麼在意、那麼傷心嗎？

美國有一種獨特的戀愛文化 dating——約會文化，與其說是文化，還不如說是一種「選擇」的遊戲。不管男生或者女生，可能都同時擁有二到三個約會對象，你會向別人介紹約會對象為你的「date」。如果以臺灣人的定義來說，你的 date 就是你的男朋友、女朋友，因為會和他做的事，就是一般情侶之間會做的事，出去吃飯、看電影，甚至發生性關係；但在美國，你的 date 並不是你的男朋友或女朋友，你依然擁有「單身」身分，直到雙方都願意進入男女朋友的階段。

約會文化的奧妙就在於，它把一般人眼中的「劈腿」合理化了。而在美國，如果要邁入下一個階段——男女朋友階段——則一定要經歷一段可長可短、可認真或隨意的約會，你可以在約會對象之中選擇最適合你的 date，做為繼續走下去的伴侶。

很多人批評 dating 這種戀愛方式並不適合民風保守的臺灣，但是我卻鼓勵你去實驗這種文化，因為這可以使人在確定正式男女朋友關係之前就深入瞭解對方，然後知道雙方是否合適，如果不適合就 say goodbye，不用經歷一段痛苦的分手過程。

NO STANDING
ANYTIME

再來，因為你的選擇變多了，會更瞭解自己想要什麼樣的情人。一開始，你瞭解date 的速度可能比較緩慢，但是等你和很多人出去約會過之後，通常只需要一到二次的約會，就知道對方與自己是否合適，不合適就不要浪費時間，直接停止連絡。

除了上述的好處之外，多 date 來自不同國家背景的人也可以增廣視野。我曾經 date 過一位挪威女生 Anja，來自奧斯陸大學，暑假來紐約做交換學生。我們的相遇很浪漫，在曼哈頓下城一間星巴克裡面對窗戶的吧檯上。我當時剛下班，一個人靠在椅背上，看著熙來攘往的 Astor Place，金黃色的夕陽灑在人行道。我抱著一本 Gish Jen 的 *Typical American*，享受著一天中最難得的悠閒時光。金髮碧眼的她在我坐下後不久，也買了一杯咖啡，捧著一本書，在我的身旁坐下。我用餘光看到她那本書的標題，乍看之下以為是瑞典文，由於在大學的時候學過二年的瑞典文，所以很興奮地轉過頭去問她：

"Is this Swedish? Are you from Sweden?"

"No, I'm Norwegian. You speak Swedish?" Anja 回答。

雖然書上寫的是挪威文，但還是開啟了我與她整整一個多小時的聊天，然後再一杯

Grande Pike，然後晚餐，然後酒吧，然後時代廣場，然後我的公寓。

之後的兩個多月裡，我們每個禮拜都會出去約會一到二次，會去吃下午茶，會去博物館、夜店。我學到很多深植在挪威女性心中的兩性平權思想——包括吃飯時我幫她付錢，她會生氣；開門時幫她扶住門，她會覺得我瞧不起她；她會和我爭論男生是否應該幫女生提東西——很明顯地她站在反對的那一方。

我們的date並沒有一個完美的結局，因為有一次在大都會博物館裡，我不小心又禮貌性地幫她扶住了門，她竟然大發雷霆；而我很不喜歡脾氣不好的人，所以當晚就直接向她提出停止約會的要求。

我也曾經和一位來自上海的女生出去吃飯。她在我們第一次約會時，就對韓國餐廳裡的服務生大吼大叫，雖然她後來向我解釋那是上海獨特的文化，但我還是決定讓那次的晚餐成為我們最後一次約會。

你說我應該要傷心欲絕嗎？不，因為這不是世界末日。

在約會的過程裡，我一直持續觀察對方，觀察她是否有我要的好脾氣，觀察她是否

是我要進入下一階段的那個女生。決定停止約會的當下，我或許覺得有些可惜，因為又錯過了一次真愛，但我更慶幸自己離開，慶幸那些爭執和不堪不是發生在認真交往後、或者結婚後，甚至是有了我們的孩子以後。

自己的幸福，還是要靠自己主動做選擇，和有沒有快速得到「名分」並不成正比。與其和不適合的人在一起，然後為了對方做改變，還不如在一開始就努力找到與自己契合的人，然後沒有摩擦地生活下去。

如果你還是不知道 dating 是否適合你，請想像在你與某人成為男女朋友之前，先曖昧一段時間，曖昧的時候不要投入全部的心力，你依然有自己的生活，依然有與其他異性曖昧的權利，但彼此不會過問對方是否與其他人約會。這極度需要雙方的共識與默契，沒有人可以說你花心，也沒有人可以罵你淫亂。

不要在一開始就投入生命的全部，當你後悔時，也就不用花費精力去遺忘已經根深柢固的傷痕。

每個人都有選擇幸福的權利，我們都不想浪費生命在不值得的戀情與婚姻上。當你約會的人愈多，愈可以見到不同世界的人，甚至拓展生活圈與建立人脈。你可以學到更多，會更瞭解自己到底適合哪種個性的人——到那個時候，你就是自己的兩性「專家」，擁有自己的愛情理論，再也不需要別人的「神回覆」。

他們這麼說

I'm selfish, impatient and a little insecure. I make mistakes, I am out of control and at times hard to handle. But if you can't handle me at my worst, then you sure as hell don't deserve me at my best. —— ***Marilyn Monroe***

◆

我自私、性急而且有點缺乏安全感。我會犯錯、容易失控，有時還難以應付。但若你無法和最糟的我相處，那你也絕對不配得到最好的我。—— **瑪莉蓮．夢露**

02

遠距就等於分手？

每個人都有追逐夢想的權利，這個權利不應該被任何事情剝奪，包括愛情。

對某些人來說，到國外念書可以實踐夢想、磨練人生，但對另一些人來說卻是割捨、抉擇、犧牲，甚至是退讓，尤其對正在熱戀中的情侶而言，與另一半長期分開，需要投入更多精力與時間來經營感情，很多不確定的因子與問號會在這段期間出現。

「國外的誘惑是不是很多？聽說留學生都很主動！」

「他會不會因為受不了寂寞就去找別的女生？」

看著他已讀不回的訊息，聽著他訴說在當地的生活多麼有趣、豐富，等著他應該出現卻遲到許久的視訊約會……很多人在遠距離戀愛的初期就選擇分手，更多人在分隔兩地之後，選擇忍耐，然後情緒爆發、爭執，最後疏遠、放棄對方。

去年一月，我與一位在百貨公司擔任櫃姐的大學同學在臺北聚會。她和我一樣，大學時都主攻金融，卻選擇在畢業後，先從櫃姐做起。她說：「我想先學會最基本的行銷手法和與客戶的相處之道。我的夢想是之後到國外攻讀行銷碩士，等學業完成後，再從事產品規劃方面的職業。」

我的同學非常有氣質，長得非常美麗，對於未來充滿理想，她有一位交往許多年的穩定男友，非常反對她出國念書，只要她提到關於出國念書的準備，他就大發雷霆，甚至揚言：「遠距就等於分手。」她很無奈，而身為朋友的我只能勸她與對方多溝通。

今年一月，我再度回到臺北，同一間餐廳，同樣美麗的她，唯一不同的是，她已經恢復單身，而她男朋友提出分手的日子竟然在她考完托福的當天晚上。

遠距離戀愛從來就不是問題，有問題的是雙方的心態；有距離的是雙方的不安。如果你早就認定了對方，那麼兩個國家之間、再遙遠的距離也可以天天約會。

就算不能隨時隨地傳簡訊，但你至少可以在睡前對他說聲晚安；
就算不能每天擁抱對方入睡，但你至少可以在睡前視訊，然後一起入眠；
就算不能知道他的確切行蹤，但你至少可以和他聊聊今天發生的瑣碎事情。

我聽過太多男生限制女朋友出國的故事，他們往往用遠距離戀愛當作爭執的藉口。但我相信，他們心中有更多焦慮，而這些不安全感來自於「女朋友即將比自己優秀」，或者「她將在國外遇到更好的男生」。

每個人都有追逐自己夢想的權利，這個權利不應該被任何事情剝奪，包括愛情。當雙方早已經認定對方，鼓勵對方出國逐夢不僅是負責，也是體貼。如果夢想可以被心愛的人所支持，就算在追夢的途中遇到再多苦難，你也走得下去。有人說：「就算你擁有的資源很少，還是有機會達成夢想，而這個資源不是金錢，不是權力，更不是教育，而是圍繞在你身邊的愛。」

我對我的同學說：「我要恭喜你，恭喜你在這個時候分手。如果有一個這麼不體貼

的男人一直在你背後扯後腿，那麼你的未來會很痛苦，因為你不能為了自己的夢想而活，卻得為了一個不能夠理解你的人而存在。」

在人生的道路上，有很多事情需要另一半扶持才能順利通過考驗。出國讀書的遠距離戀愛對於那些考驗來說，真的不算什麼。

如果連短短的一兩年他都撐不過去，更遑論婚姻與接下來的人生，他會有什麼擔當帶你度過難關了。

如果他擔心對方出國念完書後就配不上你，請他也好好地充實自己。

你問我有沒有過遠距離戀愛的經驗？我有，而且還超過一年。那年剛來到美國，人生地不熟，每天唯一的依靠就是與她對話。我們很少有爭執，因為我每天早上都會告訴她我今天大致的行程，然後晚上回到家，我會趁著煮飯的時間，把電腦放在餐桌上，聽著她熟悉的聲音，分享今天發生的一切。

留學生生活中真的充滿誘惑。

你剛到異鄉，可能有摩拳擦掌的「學長」們等著好好照顧你，他們會體貼地載你出去買菜、辦手續，甚至當你的專屬司機——這是我們這些「學弟」們享受不到的福利。你會遇到很多追求你的人，男生也不例外。很多人初來乍到，還沒有真正念到書就已經被源源不絕的「福利」給沖昏了頭。

文章看到這兒，你可能會對正在國外的另一半感到焦慮。可是如果他心中早就已經認定了你，他每天的繁重課業、投遞履歷找工作的時間，早使生活失去喘息的空間，更遑論去亂搞男女關係。如果他真的禁不起誘惑，代表他本來就沒擁有願意負責任的心態；如果他對你的生活帶來痛苦，代表他還不是成熟體貼的人。

這種男人、這種女人，真的，不要也罷。

我的遠距離戀愛，最後因為對婚姻的時間點沒有共識而告吹——她今年剛結了婚，很幸福。但這段感情卻讓我更加瞭解，維持一段感情需要雙方的默契與信任。你們如果想建立默契，就要學會體貼，使彼此都處在穩定的心態中；想學會互相信任，就要學會努力地溝通，學會在對方不方便說話時放棄控制他的欲望。

戀愛是一輩子的修行，不管是遠距離還是近距離，都會面臨很多問題。如果選擇要一起走下去，就是一種責任，一種為對方幸福著想的責任。

當距離使你們必須分手，你也不需要痛心，因為只要繼續追逐夢想，這世界就會有一位愛你同時欣賞你的夢想的人出現。到那個時候，你就會明白，原來「幸福」如此地靠近你。

508

03

異國戀情的甜美與苦澀

達成自己的目標，遠比等對方主動打一通電話還要簡單得多，控制別人還不如改變自己。

上個禮拜和一位臺大的學姐 Laura 吃飯。她大學畢業以後，在臺灣從事了幾年的金融業，去年來美國紐約大學讀電腦動畫設計。她在大學時，因為課業的關係，沒有交過男朋友，但是很幸運地，在她來紐約的第一個學期，就遇見現任的美國男友 David。

經歷這麼長的一段時間才交了新男友，再加上又是異國戀，應該是浪漫又讓人興奮的事情。但是與 Laura 吃飯的時候，她卻有吐不完的苦水。

「我覺得 David 好像都把我排在所有事情當中的最後一位……」她無奈地說。

而 Laura 總是把與 David 的戀情當作生活中最重要的事，就算再忙，她也會默默地把每天當中的某段時間留給 David——如果他剛好也有時間，她就會很開心；但是如果他有別的事情要忙，她就非常沮喪。為了不要讓對方覺得自己很黏，她想念他的時候不敢傳簡訊；想和他說話的時候不敢撥電話；於是她整天都很痛苦，因為很沒有安全感，再加上她又感受不到對方的熱情，只有當他主動聯絡時，她才會欣喜若狂，覺得自己是全天下最幸福的女人。

與其說 Laura 用一顆少女心來談戀愛，還不如說她讓 David 占據了生命的全部。她不懂他為何總是把其他的事情看得那麼重要，而她卻覺得「把愛人放在第一」才是理所當然。最後，她把這件事情歸類到「男女差異」，她認為男生比較容易不讓愛情影響自己的事業與課業。

我相信不管是男生還是女生，在談戀愛或者追求異性的過程中，都一定會遇到 Laura 的煩惱。David 的特質在紐約人的身上更明顯，愛情對於大多數紐約人來說，或許是必需品，但是他們不會每分每秒煩惱這件事情，因為人生有太多目標要達成。

情侶們或許一個禮拜只會在週末出門見面一到二次，又或許只在平常晚上約出來共進一頓晚餐，甚至可以一個禮拜都不碰面，只靠著簡訊與電話聯絡感情。在紐約談的戀愛往往稍縱即逝，又或者，兩個人的感情會因為雙方都很忙碌，然後漸漸地淡去。

很多剛來紐約的外地人對這種現象感到很失望，但對於從小到大生活在這裡的單身紐約客來說，卻是再正常不過的現象。有些人甚至無法對戀情許下承諾，他們可以無間斷地與很多人約會，卻都沒辦法成為男女朋友，因為他們不允許隱私或生活被其他人影響。

紐約客過於以自我為中心嗎？但說句老實話，在這座城市裡，你只有以自我為中心，才可能達成一些目標。對於很多紐約客來說，談戀愛像運動，唯有需要的時候才會想到——它是人生的必需附屬品，但絕對不是全部。

所以我委婉地提醒了 Laura 一句話：「你的工作找得如何了？」這個問題讓她焦慮了起來，也漸漸遺忘剛開始吃飯時困於愛情的情緒。我想，她忘記有更大的目標要達成了。

在紐約，寂寞不是病，也不會有人去評論你；事實上，你做任何事情都不會有人來評論你。你可以當流浪者，也可以靠自己的努力成為億萬富翁；你可以在十八歲時就結婚生子，也可以一輩子不婚；你可以愛上異性，但在這座城市裡，愛上同性也不會使人多看一眼。你的成功完全建立在自己的價值觀上，人生目標完全由自己設定。

如果你的目標是談一場轟轟烈烈的戀愛，這在紐約很難達成，因為當你對愛情有了期望之後，就會把自己當作情聖一樣，毫無保留地付出，而因為付出，你會希望對方給予同等的對待。當期待出現，戀情就很痛苦，因為大多數紐約人是不會買這個帳的，你只會覺得自己的付出得不到一絲回報。

我覺得紐約人很自私，卻很聰明，因為當你無法控制別人時，就會把焦點放在自己身上、放在事業、放在成功。因為相對於談戀愛來說，達成自己的目標，遠比等對方主動打一通電話還要簡單得多。

談異國戀情，尤其是和紐約的單身男女談戀愛，語言可能是一個障礙，但真正的阻力卻是雙方的不同心態。如果你願意適應這樣的文化，那很好，代表你接下來的日子會很充實，你會每天飛奔在這座城市中，只為了完成眼前的目標。等完成一個目標之後，你可能沒有太多喘息的空間，因為下一個目標早在前方等著你。

至於愛情呢？你就不必期望太多了，條件好的男人會在你的身邊來來去去，運氣好一點，你會遇到和你一樣也在追尋人生目標的真命天子；運氣不好，你可能過了很多年的約會生涯，卻還是單身，可是你也學會了不庸人自擾，因為這裡沒有人會評論你，也沒有帶給你壓力的社會觀感。你會對感情順其自然，明白持續地精進自己才是人生這一階段的目標。

如果你不願意去適應這樣的文化，也不想經歷像 Laura 一樣的痛苦，那我建議你可以花時間去找尋和你一樣主動的另一半，這是解決問題的唯一方法。

使自己陷入愛情痛苦的，多半是自己的選擇。人的心中或多或少都有控制別人的欲望，對別人的期待愈高時，想要控制別人的欲望也就更深。

當你真的感到很痛苦時，紐約人教我們把注意力轉移到自己身上，控制能力所及的事，你必須有讓自己冷靜下來的能力，唯有在冷靜的時候，才能查覺對方值不值得做如此大的犧牲。當你冷靜地想通了以後，該大膽地切割就切割，該放棄就放棄，因為畢竟……

人到頭來，還是為了自己而活。

129 Mulberry St.
Da Gennaro
A

他們這麼說

Some women choose to follow men, and some women choose to follow their dreams. If you're wondering which way to go, remember that your career will never wake up and tell you that it doesn't love you anymore.

—— Lady Gaga

◆

有些女人選擇追隨男人，有些女人選擇追隨夢想。如果你在兩條路間徘徊不定時，請記得事業不會像男人一樣，某日醒來便告訴你他再也不愛你了。—— **女神卡卡**

04

「我愛你」的語言魔力

當你試著把愛說出來，才會發現語言與情感結合之後的魔力，也會更懂得珍惜。

前一陣子，課業告一個段落，我與一位來自丹佛市的美國女生交往，這是我第一次真正和美國女生深度地交往。她的家庭來自俄羅斯旁邊的一個東歐小國——喬治亞，所以開始一起生活後，很幸運地，我可以一次體驗兩種不同的文化衝擊。

就像其他第二代的移民子女一樣，她不僅說著一口流利的英文，在家裡時，會和父母親說自己國家的語言。她與家人的感情非常好，雖然從小就來紐約念書，但是每個週末都會與父母親通電話或者視訊，以解相思之苦。

她的父母親也常常從丹佛飛到紐約來

探訪她，在探訪期間，她的父親會為一家人，甚至我，每天準備三餐，假日還會幫忙打掃家裡，這讓我感到非常意外。她父親種種貼心的舉動，顛覆了我對一般西方父親在家中角色的印象。

一開始最讓我不能夠接受的，就是他們一家人總把「我愛你」掛在嘴邊。

每天早上起床吃早餐前，他們會在廚房裡互親臉頰，然後說聲「我愛你」。出門前更不用說，不管是否已經趕不上下一班地鐵，他們總是可以花上兩分鐘在門口互道「我愛你」。晚上回家時，進門的第一件事情就是先給家人一個大大的擁抱，然後一樣說聲「我愛你」。每晚在睡前，甚至在掛上與家人的電話前，也一定要說「我愛你」。

算一算，他們家的每個人一天起碼要說五次以上的「我愛你」。而我的父母親在我誕生在這個世界上近三十年裡，還沒有在我面前說過任何一次「我愛你」，不管是他們夫妻間，還是對我。

「你如果真的『愛』，那就說出來，為什麼要憋在心裡呢？」我女朋友困惑地問我。

一開始，我依然很排斥，因為「愛」對我來說是很珍貴、很神聖的一個字，應該要在人生當中最重要的幾個時刻才出現，如果每天把「愛」掛在嘴邊，那就不是真的愛，而是膚淺地「耍嘴皮子」——如果你真的「愛」，就用行動展現出來，而不是只用嘴巴說——「愛」可以用很多種形式表達，不一定要開口說。

直到上個禮拜某一天，我獨自從水果店買完水果走回家，看到一個父親正在整理休旅車的後車廂，兩個孩子在車上吃著冰淇淋，而他們的媽媽則帶著墨鏡坐在副駕駛座使用GPS。就是這麼一個再普通不過的午後，一個再平常不過的家庭，卻讓我想起了遠在臺灣的家人。

我想起小時候和姐姐總是喜歡把自己吊在爸爸強壯的手臂上，我想起老媽每天晚餐過後一定要榨的果汁，我甚至想起與家人坐在客廳一起看電視的畫面。這些回憶雖然都很普通，卻很真實，而這些最普通的真實生活卻是現在體驗不到的。

「他們知道我其實很愛他們嗎？」我這樣問自己。

從那天午後開始，我決定練習開口說「我愛你」。或許對於很多人來說，這個練習沒有多艱難，但對於我來說，卻是不簡單的任務。從前，當女朋友對我說「我愛你」時，我總是只回答「ＯＫ」；現在，我逼自己一定要回覆「我也愛你」，然後再給她一個大大的擁抱或親吻，也學會每天在分開和睡前一定要說聲「我愛你」。

說也奇怪，就這一個小小的動作、就這一句話，我們的感情變得更好了。每天在分開前說一聲「我愛你」，使我更珍惜在一起的時間；而每天晚上睡前的「我愛你」，則隱藏著「是否一閉上眼睛就再也看不到她的焦慮」。「我愛你」這三個字真的有種神奇的魔力，使我想要一說再說，而每一次說出口，感情似乎又更加豐富。而當她也回覆「我愛你」時，那股被肯定、被喜歡的安定感，漸漸成為我每天出門工作或者上課時的最佳動力。我終於瞭解——

真的愛一個人時，那句「我愛你」絕對說得出口！

而當我願意把內心深處最私密的「我愛你」說出來以後，發現我對女朋友彷彿再也沒有什麼事情不能說，再也沒有任何困難無法溝通。我也才明白她的家庭感情這麼好的原因——不畏懼也不害怕表達自己對對方的感受。

於是，我顫抖地拿起了電話，撥回遠在臺灣的家裡，準備把「我愛你」這句話送給我最愛的家人——雖然已經遲了近三十年。

「喂？」我老媽接起了電話。我與她花了大概二十分鐘，聊聊我的近況，也聊聊最近家裡的狀況。就在我要掛上電話以前，我說：「媽，我想跟你說一件事情。」

「什麼事，你說？」老媽回答。

「就是……我很愛你啦！」終於，我把這句話說出口了。

老媽大約沉默了十秒鐘，竟然煞風景地問：「你是身體不舒服嗎？還是最近工作不順利啊？」

我沒好氣地向她解釋：「沒有啦，我其實很早就想要跟你們說，只是說不出口。」沒想到，老媽竟然哽咽了起來，說：「好啦，我們也都很愛你啊。你記得要把身體顧好，凡事安全第一，不要讓我們操心。」

我把電話掛上，往椅背上一靠，看著圍坐餐桌的女朋友和她的家人，很慶幸他們在今天教導我應該把「愛」說出來，而不是繼續害羞地把感情深埋在心中。我已經錯過了三十年，沒有對身邊的人說聲「我愛你」，如果今天沒有把愛說出來，或許還會再錯過另一個三十年，但人生有幾個三十年能浪費？或許明天，我心愛的人就不在了；又或許是我自己，也許今晚閉上眼睛之後就再也睜不開……

很多人和我有一樣的症狀——平常口齒伶俐，但唯獨對「我愛你」有語言障礙。雖然「愛」不管說還是不說出口，有沒有真心才是最重要的，但當你試著把愛說出來，才會發現語言與情感結合之後的魔力，也會更懂得珍惜。表達愛，絕對無損你的男子氣概，也不會降低你的尊嚴。

你夠勇敢嗎？願意嘗試向身邊的人說一次嗎？

「我愛你。」

05 同性的愛情一樣美好

是人都可以享受愛人與被愛的權利。

Michael 今年剛滿四十一歲，來自美屬波多黎各的首都 San Juan。在二〇〇三年夏天，他隻身從家鄉搭乘了近七個小時的飛機，來到紐約市追夢。Michael 的專業是會計，雖然說在他的家鄉，會計師的薪水和紐約市比起來低了許多，但是以整體物價來說，他在那裡的生活可以過得非常舒適。為什麼他要離開家鄉？

Michael 和家鄉大多數的男人有些不同——他不喜歡女生。這麼多年以來，他一直沒有對任何人談論過這件事情，包括他的父母。他曾經試圖與幾位女性交往，但結局都不完美，他實在無法昧著自己的良心去欺騙那些愛他的女生。在波多黎各，很多人認為同性戀是一種病，但 Michael 從來不覺得自己生病了，反而認為這是上帝對他的恩賜——可以同時擁有女人細膩的心思和男人壯碩的身材。

十二年前的夏天，他獨自來到紐約，這個與洛杉磯和舊金山並列三大「對同性戀最友善的城市」，展開了全新的生活。他花了一年多的時間考取紐約州的會計師執照，在白天過著上班族的生活，晚上則穿梭在曼哈頓各大酒吧裡，找尋另一半。與其說紐約市刻意營造出對同性戀友善的氛圍，還不如說這座城市毫無痕跡地使他們融入其中。Michael 可以與他的男伴在路上手牽手走路，可以浪漫地靠在地鐵站裡的牆上接吻，又或者，可以大大方方地同居。路人很少盯著他們看，房東會邀請他們一起吃早餐，他也時常帶著男伴參加同事舉辦的派對或婚禮。

來到紐約之後，他不覺得重生了，只覺得終於可以放肆地做自己，享受自出生的那一刻就應該擁有的權利。

二〇〇五年的春天，他遇到了心中的 Mr. Right——Williams，一個道道地地的紐約人，從小就清楚地知道自己不喜歡女生，上高中那一年與家人的聖誕節聚餐裡，他向同桌的家人坦白自己的性向。意外地，他的父母親和姐姐並沒有顯露出任何責怪或者失望的表情，反而一一過來擁抱他，然後繼續吃飯，聊著之前未聊完的話題，家人的反應讓他相當感動，因為這才是真正的愛，一個不會 judge 你的「選擇」的愛。

Michael 和 Williams 在一起已經六年光陰了。他們合租了一間公寓，養了兩隻貓，過著和一般老夫老妻沒什麼不同的生活——只差無名指上的那枚戒指和結婚證書。終於，二〇一一年的夏天，Marriage Equality Act 通過了！同性婚姻在紐約州正式合法，紐約州正式成為全美僅次於麻薩諸塞州、康乃狄克州和新罕布夏州之後，第四個讓同性婚姻合法的州。很難想像，看似對同性戀開放的紐約州，直到二〇一一年才通過這項法案。紐約州對同性戀婚姻的認定有指標性的意義，從那之後到二〇一五年為止，全美有多達三十七個州允許同性婚姻。（二〇一五年六月二十六日，美國最高法院通過修憲，同性戀婚姻於全美五十州已全面合法化。）

Michael 和 Williams 在法案通過的隔一天便選定在布魯克林的 Kings County Clerk

登記，取得婚姻證書。Michael 說：「我還記得那一天是禮拜一，清晨六點多，地鐵上擠滿了手牽手的同性戀情侶們，趕著去申請和領取第一批結婚證書。大家在地鐵上相視而笑，有些人甚至感性地哭了。」

根據紐約州的法律規定，領取了結婚證書的二十四小時之後，他們才可以（也必須）舉辦正式的婚禮儀式。婚禮在二〇一一年夏天的一個週末，教堂裡頭坐滿了這對新人的親朋好友，卻獨缺 Michael 在波多黎各的親人，因為他的父母親依然無法接受獨子是同性戀的事實。

「沒能在他們的面前親吻自己的丈夫，是我一輩子的痛。」Michael 雙眼泛著淚光，一字一字緩慢地說。

自從同性婚姻合法之後，很多同性情侶紛紛來到紐約市。以前，Chelsea 和 Hell's Kitchen 號稱是紐約市同性戀的聚集地，但現在曼哈頓街頭隨處都可以看到同性戀情侶，甚至一直到皇后區和布魯克林，同性戀早已不再是特定族群，而是這座城市的一部分。

根據統計，現在紐約市有兩萬六千對合法的同性戀夫妻，其中只有三八%的夫妻住在曼哈頓，其餘散落在紐約市的另外四個區。

今年年初，Michael 很高興地通知大家，他和 Williams 成功領養了一個小女娃兒 Doris。在紐約，同性夫婦領養小孩的權利、義務與異性夫婦完全一樣，不會因為你是異性夫婦就比較容易領養到小孩，只要小孩的原生父母同意。同性與異性婚姻家庭站在相同的起跑點上，都必須接受領養機構客觀且深入地調查家庭狀況。而領養之後，同性夫妻也可以享受一般領養人在賦稅上的優惠，以及在公司裡申請身為父母親的福利。

現在的 Michael 白天在會計公司上班，晚上回家與丈夫陪伴著女兒和兩隻貓。他的雙親也慢慢接受了他是同性戀的事實，幾乎每個禮拜兩老都會和孫女視訊。他們現在唯一擔心的就是孩子上學以後將面臨的問題，包括同儕之間的排擠，和對自己父母親的不認同等，但他們還是懷抱著希望。

「兩個男人對孩子的付出絕對不會少於一男一女。同性戀的存在本來就從不是個疑問，有疑問的是那些不肯接受我們的人。只要有更多人來到這座城市與我們生活在一起，瞭解我們，相信他們最終一定會接受我們——因為我們和他們並沒有什麼不同。」

Michael 說。

我停下在鍵盤上打字的雙手，闔上電腦銀幕，看著坐在桌子另一頭的 Michael，敬意油然而生。他是我來紐約之後認識的少數同性戀友人，總是願意開朗地希望我瞭解同性戀的生活，也希望我不要評斷其他同性戀者。他的故事對很多人來說可能不是非常精彩，但正是最平凡的真實，才能夠與旁人產生共鳴，使我更瞭解同性戀在紐約的生活和為權利打拚的過程與辛酸。

在臺灣吵得沸沸揚揚的「多元成家」，不管是支持還是反對的人都要捫心自問：「我們是否真正地想瞭解同性戀？還是我們都只隨著自己的信仰，和大眾一窩蜂的評論去做決定。」

最後，我還是想說：「是人都可以享受愛人與被愛的權利。」

他們這麼說

I don't think homosexuality is a choice. Society forces you to think it's a choice, but in fact, it's in one's nature. The choice is whether one expresses one's nature truthfully or spends the rest of one's life lying about it.

—— Marlo Thomas

◆

我不認為同性戀是一個選項。整個社會逼迫你認為那是一個選擇，但其實那是與生俱來無從抉擇。一個人能做的選擇只有真實地表現出天性或者是用餘生來說謊掩飾而已。

—— 馬洛 · 湯瑪斯

06 性，為了愛而存在

使每一次做愛都像初次發生關係那麼難忘、那麼美好、那麼讓人臉紅心跳。

說到愛情，當然也必須提到「性」。

如果說東方的性愛是一位外表看似冷酷，但是內心卻火熱無比的懵懂少女；那麼西方的性愛就是一位懂得展現女人味與照顧自己身體的性感女人。

西方女人需要性愛，東方女人當然也一樣。對於我們這個世代的年輕人而言，性愛也早就不是禁忌的話題。可是對大多數人來說，要大膽地與另一半或者是朋友談「性」，卻還是顯得扭捏。

相信很多女生一定很好奇：「和外國男人做愛與和亞洲男生做有什麼不同？」這問題我無法回答，因為我沒有經驗，但我可以告訴你，外國女生和亞洲女生對於性愛的心態和行為有什麼不同。

男女平等的觀念深植在西方女生的心裡，也反映在性愛上。在西方的性愛世界中，女生和男生都具有主導每一夜歡愉的權利。她們有權利向男生索愛，有權利讓對方知道自己哪一個姿勢最容易達到高潮，有權利掌控性愛的過程。講一個很貼切的例子：美國人的日常生活的對話裡，用「女生在fuck男生」來形容女上男下的姿勢，已經見怪不怪。可是對於相對較保守的亞洲文化而言，這句話還沒有出現過，即便出現，這麼說的女生也極可能招致輕藐。

性愛對西方女人來說，就和每一個週末的下午茶，或是每天傍晚的運動時間一樣自然，一樣使人感到愉悅。當她們有做愛的欲望，就會坦白對你說，如果身邊沒有伴侶或者男生不想要，多數女生家裡也會有情趣用品，用來滿足自己。

在一次聚會裡，我的兩位美國女性朋友當著我和另一位美國男性朋友面前，聊起情趣用品，在交流「哪一個按摩棒比較好用」的時候，男性美國朋友也會試著加入討論，並給予意見。我一開始以為他們在開玩笑，但聊的時間久了，才發現他們是非常認真地交換使用心得。乍聽之下，覺得這個話題很不可思議，可是說穿了，這與討論哪一個牌子的飲料比較好喝，或者哪一家餐廳的食物比較好吃有什麼不同？一樣都是生活必需品。性行為在美國青少年的發生比例極高，所以美國女生很早就已經習慣討論性愛的話題，知道怎樣才能滿足自己，而討論的次數多了以後，當然就見怪不怪。

性愛不管對西方或者東方的女人來說，都很重要，但性愛在西方女生的生活中卻占據較大比例，她們會花時間購買情趣用品，會花精力挑選情趣內衣，甚至花錢去健身中心提升自己身體的性吸引力，更多的是花上幾個小時與伴侶們「溝通」。

她們知道自己的敏感帶在哪裡，哪一個位置最容易達到高潮，甚至最合適的前戲時間長短等，所以願意花時間和伴侶溝通，使他知道如何取悅自己的女伴。男生其實也很樂意坐下來好好地瞭解她們的需求，因為性本來就是為了愛而存在，為了雙方的快樂而存在。

溝通是雙向的，男生也可以向女生表達自己的感受。我之前的女朋友就常常在吃飯時，問起上一次性愛經驗有沒有需要改進的地方，或者她怎麼做會比較好。我一開始其實有點逃避這個話題，但是時間久了，我發現溝通真的可以節省很多不必要的探索時間，彼此也可以更瞭解對方，這種因為溝通而產生的無形親密感是很多事情無法取代的。

在溝通的過程之中，很重要的一點是——女生不能夠因為護著男方的自尊心而說謊。很多男生會吹噓自己在床上的功夫有多麼厲害，殊不知，只是女生不願意說出傷害你的實話罷了。如果男生真的愛你，他會認真地改進自己的不足，使雙方在性愛過程中都更加愉悅，而不是因為自尊心作祟而惱羞成怒。

我們來聊聊最近造成轟動的情欲電影《格雷的五十道陰影》。這部電影為什麼在美國造成這麼大的迴響，尤其對於結婚很久的中年女性？很多人說是因為女人通常喜歡掌控生活中的很多事情，當一位性感又感性的男主角出現，掌控女人性愛的過程，似乎使很多人的心靈獲得短暫的解放。這個觀點並沒有錯，但我看過電影之後，我卻認為這部電影給了女人性愛過程最重要的兩個要素——「前戲」和「呵護」。

女人需要藉由「前戲」來挑逗與刺激身體感官，最後再加上性行為與環境氛圍達到高潮；而男生則只需要「重點部位」的短暫刺激就可以獲得高潮，所以「前戲」這一部分，往往在交往時間久了之後就被男生忽略。而「呵護」則和前戲有著異曲同工之妙，因為女主角的每一次性愛都受到男主角最細心的照顧，使每一次做愛都像初次發生關係那麼難忘、那麼美好、那麼使人臉紅心跳。

西方男人都和電影中的男主角一樣懂得女人需要的「前戲」與「呵護」？當然不是。在現實生活裡，除了男生要細心之外，雙方還必須不斷地溝通，因為只有自己才知道自己想要的是什麼。

溝通無比重要。所以我在文章一開頭就說：「東方的性愛是一位外表看似冷酷，但是內心卻火熱無比的懵懂少女。」我相信東方的女生對性愛一定有著欲望與憧憬，但因為社會環境或傳統文化教育的影響，反而不知道該如何表達，或與伴侶溝通，有些人甚至連自我探索的能力都略顯不足。要記得，性愛就像身體的健康狀況，你不僅要懂，更要學會與影響你健康的人做好溝通。

很多男生都被日本A片傳授太多錯誤技巧，或者被社會氛圍塑造出太多自信。一個愛你的男人絕對願意放下身段，確保你的身體——性愛——更加地健康。

最後，我要強調，不可以說西方女生都比較放蕩，也不可以認為她們就一定比較開放，她們只是更懂得自己需要什麼，而且相信——男人能做的，女人當然也可以。

不一樣。

07

CCR的魅力：體貼與尊重

讓女生在享受愛情時也擁有選擇的自由，製造高於物質的驚喜和新鮮感，給她溝通無礙的安定。

前幾天，突然收到一封罵我的簡訊。

「你為什麼不寫一些給男人的文章？告訴他們怎麼認清自己到底要什麼，不要不愛又裝好人，不敢提分手，等女生提了又想要挽回！」

這封簡訊來自於一位正在馬里蘭工作的臺灣朋友，她和遠在臺灣的男朋友已經爭執了許久。聽她說，男生可以在完全不告知的情況下失去聯絡三天，還在每週日相約視訊約會時，無預警地放鴿子，甚至在難得與女方通電話時說今天看到了哪些正妹。我的朋友一直很生氣，卻無可奈何。我要她專心工作，不要想太多，但男生又以此為藉口與她吵架。他們冷戰了一段時間，然後她提出了分手，可是男生又打算飛來美國與她復合。

看著他們演出的劇場，聽著其他女生朋友發生的故事，然後再翻翻我寫給女性讀者們的文章，我恍然大悟——很多時候，真的是男生「犯賤」，才造成這麼多女生感情上的問題。不知道各位是否發現，很多臺灣男生的心思都好細膩，有些細膩造就了感性，但有些細膩卻造就了心機。如果談戀愛時需要用到不好的心機，戀愛就是一場鬥智；如果每一次對談都像在刺探敵情、每一次互動的背後都隱藏著另一篇故事，這段戀情到頭來只會讓你得不償失——生活被攪亂了，對方卻早已經做好迎接下一段戀情的準備，然後重施故技。

很多男生太看得起自己，很多女生太過於在意男生，然後註定成為受傷的一方。

臺灣的好男人還是很多，如果很不幸地，你就是遇到爛男人的受害者，剛好又有機會與外國男生來段不一樣的戀情的話，為何不嘗試？當然，外國男生不一定比臺灣男生好，也有很多騙子。但總而言之，大部分美國男生的確有一些臺灣男生欠缺的特色。

East River
E 10 St
ONE WAY
30

先說說「放手」的哲學。

美國人極度注重生活隱私，不僅在工作場合上，就連在「戀愛」這麼親密的關係裡，雙方的界線依舊分明。男方或女方，沒有誰是絕對的強勢，更精確地說，美國男人在談戀愛這方面是非常隨和的。你很難聽到美國男人強迫女人做任何事情——今天如果女人不想出門，她就不需要出門；如果女人不需要男人幫忙做一些苦力，男人也不會硬要插手；甚至當女人提出分手，男人的回答通常也僅是「ＯＫ」！然後瀟灑地恢復單身。他們的戀情裡顯少有無限輪迴的小劇場。

很多女生會覺得美國男人一點都不懂得情調，甚至質疑他們愛得不夠多，但美國男人會反問你：「為什麼你做任何事情都不能直接一點？」對他們來說，說出心裡的真實感受才是愛一個人的表現，而既然你尊重我，願意與我分享最真切的感覺，我也必須尊重你，讓你做想做的事。

最容易使美國男女感到不舒服的行為，就是讓他們在戀情裡感覺到壓力、感覺被對方控制。這是他們最敏感的底線，如果溝通無效，很可能掉頭就走。

美國人很注重當下的感覺。

當一個美國男人愛上了你，他會不顧一切地追隨你；在床上，他會把你當作寶物般溫柔地寵愛。我有一個美國朋友在費城念書時，愛上了去那裡當交換學生的臺灣女生，為了追求她，他放棄學業來臺灣教英文。兩個人在一起之後，為了生計，他跑去從軍，服完五年兵役，又隨著那個女生（也是他現在的老婆）到日本開美式餐廳。

他不在乎自己，因為他知道老婆才是最值得珍惜的一切。

我們常常把單純的愛情給複雜化。男生覺得沒有立業就絕對不能成家，女生覺得嫁給沒有房子的男生就沒有保障，雙方的家庭不支持「門不當戶不對」的婚姻；但你要記住，你不是把一輩子交給一棟房子，也不是交給對方的父母，而是交給把你捧在手上愛你的男人。

在美國，或許男生的父母在見到你之前就已經瘋狂地喜愛你了，似乎不在意你的家世或背景，只要是兒子喜歡的人，他們絕不干預，然後盡全力地支持。

若問他們：「如果不喜歡兒子或女兒的對象時，怎麼辦？」他們只會聳聳肩說：「這是他自己的生活，而那是他愛上的人，也是他選擇一起過日子的人。愛情沒有對錯，我們不會阻止他愛上任何人。」

為什麼浪漫的故事總是發生在紐約或巴黎？因為那裡的人喜歡冒險，總是不顧一切地去追求愛情。而人的一生，絕對需要這樣的故事才能完整。

當然，注重當下感覺，使美國男生似乎顯得較不忠貞。遇到這種男人更不能想控制他，就像我前面所說的，如果你嘗試要控制他，很有可能把他嚇跑。所以在交往之前，你一定要仔細地觀察這個男人，是否是可以長期託付的對象。

到了紐約這麼多年，我養成了一個習慣——傾聽。這裡的人幾乎都有奮鬥的故事可以告訴我；路上的每個人彷彿都為了某一個目標而前進；每次與美國朋友聚會，好像都是一頓學習的饗宴。我感受到他們眼中散發出的自信，不管從事什麼工作，或著目標多麼渺小，他們總是敢大聲說出來，並為此感到驕傲。朋友也從來不會做任何批評或質疑，甚至嘲笑。而輪到我分享人生的目標時，他們也會仔細聆聽，尊重我的夢想，給我需要的支持。

BANANA REPUBLIC
UNI
QLO
8G91
2T47

當我與臺灣朋友聚會，會發現有一部分人鋒芒外露，但內在極度空虛，我很難開啟一個嚴肅的話題，有很多人甚至用嘲諷的語氣來敷衍我，各方面都以金錢為導向。不知道是否受家庭教育的影響，臺灣男人做選擇時總是被環境壓制，但許多美國男人卻可以不理會他人的看法，為自己的理想感到驕傲，同時珍惜任何成長的機會。

自大的男人與自信的男人，你選擇哪一種？

ＣＣＲ（Cross-Cultural Relationship）近年來被很多鄉民汙名化，認為臺灣女生和外國男生在一起就是「倒貼」，有人說得更難聽——哈洋屌。如果男生家產豐富，他們就認為女生是愛上錢；如果男生外型稍微出色，就認為女生愛上外表；如果男生什麼都沒有，就認為女生只是愛上了膚色。

很多人只會批評別人，卻從來不檢討自己。老實說，如果今天有一個男生可以帶你體驗不一樣的生活，又願意把你當作寶貝一樣地寵愛，然後無時無刻尊重你，你會不動心嗎？

或許，這就是某些男性鄉民們所不懂的道理——真正的大男人是懂得尊重與體貼的男人。女生們都喜歡被呵護、被保護，而讓對方感受被保護的方法和祕訣，不是自己高高在上，強勢地改變對方的行為，而是讓女生在享受愛情時也擁有選擇的自由，製造高於物質的驚喜和新鮮感，給她溝通無礙的安定。

再強調一次，我並不認為外國的男生一定比較好，你還是要多認識、多篩選；我也沒有用「一竿子打翻一條船」，貶低所有臺灣男生，但發生在我周遭的美國男女相處方式，確實可以為臺灣文化影響下的愛情，打開另一扇窗。

08

逐漸竄起的亞洲男性魅力

你在哪種文化下長大，或許才是你最吸引人的地方。

我們都知道，美國號稱種族大熔爐，走在紐約街頭，你看到的人有五〇%不是白人，不是美國本地人的機會甚至更高。西岸的比例會略有不同，但是不難想像，因為和亞洲距離比較近的關係，他們的有色人種數量絕對不輸給東岸。

正因為美國對不同種族的開放程度很高，很多人都懷抱著異國戀情的夢想來到美國。這對亞洲女生來說當然不是新鮮事，不管在臺北、倫敦，甚至紐約，你隨處都可以看到亞洲女生與不同膚色男生在一起的畫面；但相反地，很少看到亞洲男生搭配外國女生，尤其是白人女生。

多年前《紐約時報》曾經做過調查，在美國人眼中，不同種族的女性在男性心目中的性吸引力排名依序是：亞洲女生、白人女生、拉丁裔女生，最後是黑人女生；但是，不同種族男性對美國女人的性吸引力卻恰恰相反：黑人男生最受歡迎，再來依序是白人男性、拉丁裔男性，最後才是亞洲男性。

其實亞洲男性並不是到哪裡都不吃香，在歐洲，亞洲男性相對較容易交到當地女朋友；但是在美國，雖然這塊土地號稱種族大熔爐，對不同種族之間的刻板印象卻還存在於普羅大眾心裡，他們一般認為亞洲男生生殖器較小、開車技術差、聰明（書呆），甚至，很多人提到亞洲人就想到餐館和按摩店。

美國人會對亞洲男性有這樣的刻板印象，我們自己也有責任。在紐約街頭，到處是不會講英文和終其一生住在中國城和法拉盛的亞洲移民；每當地鐵站打開車門，往往看到一群亞洲人爭先恐後地衝進來，只為了搶得一席座位；甚至，你可以在跨年夜的地鐵上看到一對亞洲小情侶拖著四個大菜籃搬家，大聲嚷嚷著我聽不懂的語言。

說是不同的文化也罷，不同的生長環境也罷，只要我們不停地以某種姿態引起別人

反感，刻板印象形成久了，彷彿真的變成我們在當地的劣質形象。我們也沒有資格與當地人爭論，因為這是別人的土地，總不能在別人的土地上，強迫他們理解我們在其他地方養成的行為吧？

感謝韓劇，感謝那些擁有厚重瀏海和粉色性感雙唇的 oppa，亞洲男生近幾年似乎有了翻身的跡象。我在酒吧裡或者是課堂上，遇到太多美國迷妹問我是不是韓國人，因為他們最近開始迷戀上某齣韓劇。韓國 K-Pop 最近也開始風行，當餐廳電視播放著韓男團體載歌載舞的畫面時，常常有一群白人妹帶著崇拜笑容圍觀。

多年前，我常聽媒體說「中文現在多麼風行」、「多少人爭先恐後地搶著學習偉大的中華文化」，但我在美國這麼多年，遇到正在學習中文的外國人，屈指可數，而且多半是為了到中國做生意，或是對武術、功夫有興趣的人士。但是，我卻和無數個學過韓文的外國女生交談過，甚至親眼目睹一位黑人妹妹坐在地鐵上讀韓文。其實美國人很愛異國文化，你可以說他們有些自卑，也可以說他們想讓自己變得更特別。（與美國人交朋友時，他們會不自覺地談到父母甚至是祖父母的出生地，似乎以有歐洲血統而驕傲。）

美國女生和亞洲女生並沒有太大差別，除了男女平等的觀念深植在他們的心中，使少部分人似乎較難展露對戀情的忠誠之外，她們也需要被寵愛的感覺，而會喜歡亞洲男生的外國女生，大概可以分成以下這兩種類型：

喜歡玩 cosplay 的女生。

定期參與一些 cosplay 的活動，會精心地把自己打扮成動漫畫裡的角色，然後把照片放上臉書。我曾經接觸一、兩位這類型的女生，他們對亞洲男性的癡狂程度令人難以想像。但通常喜歡玩 cosplay 的外國女生性格比較叛逆，就是我接下來要講的第二種類型。

性格叛逆的女生。

為什麼喜歡亞洲男性的女生大都比較叛逆呢？因為在美國，和亞洲男生交往的外國女生真的是少數，而這種組合也比較吸引路人的目光。就像你在國中叛逆期時，會想成為與眾不同的人，所以很多人在這個時候學壞、走歪，正是因為這種「想與人不一樣」的叛逆心理——也是這種類型女生的心理。

和她交往的初期往往被她的好脾氣給蒙蔽，但時間久了，你會發現她們的脾氣並不是很好——控制欲較強，性格較敏感，脾氣也很大。亞洲男性畢竟比歐美男生溫和，體格也比較小，這也是她們為什麼喜歡亞洲男性的原因之一。

講了兩種比較負面的類型，各位亞洲男性們不要害怕，因為透過正常管道也可以認識很多外國女生。你可以透過教會認識一起讀經的姐妹；也可以多參與一些語言交換的活動，然後認識那些熱愛亞洲文化的女生。這些女生多半會很主動地和你交換一些語言的學習心得，甚至是韓劇或是 **K-Pop** 與 **J-Pop** 的專家，非常樂意與亞洲男性做朋友。

對於異國戀情懷抱著憧憬的各位男士們，千萬不要害怕與害羞，很多外國女生抱怨已經做球做得很明顯了，卻還是得不到亞洲男性的回應。

我想對各位亞洲男性說：「你的行為決定了你吸不吸引人。」不要因為身材與長相而自卑，你的五官或許沒有那些歐美男士們深邃，卻擁有屬於自己的異國風情；如果外國女生只鍾情於歐美男士的長相，那麼她們就不會喜歡亞洲男生，但要記住，她們通常比較叛逆。

老話一句：「做你自己。」

你要為沒有胸毛的胸膛感到驕傲；你也要感謝大部分亞洲人書讀得多，給人經濟生活穩定的刻板印象。不管你的對象膚色是黃的、白的、黑的，甚至咖啡色，都要把她們當作正常女生來交朋友，不要因為對方膚色而有不同心態，也不要一肩扛起民族自信心，給自己太大的壓力。你只要學習如何變得落落大方，不要想太多，該幽默就幽默，該無腦就無腦，該嚴肅就該嚴肅，語言程度不要太差就絕對不是問題。不要沒有錢卻硬裝闊少；當你不想要進展太快，也不要覺得外國人都很開放，然後就硬裝洋派。

你在哪種文化下長大，或許才是你最吸引人的地方。

老實說，追求美國女生的過程確實比追求亞洲女生直接與省力。通常，當你適度地釋放出一些曖昧的訊息以後，對你有興趣的女生會馬上回覆你類似的訊息；而不喜歡你的女生也會明確地對你說NO，這時你不需要再死纏爛打，那套「用時間感化對方」的戲碼在這裡絕對行不通，她們不會「口是心非」讓自己變得看似難追，不會「不好意思」地拒絕追求者。她們的NO就真的是NO，毋須懷疑。

說了這麼多戀愛的道理，亞洲男性還不如祈禱 oppa 們能夠再用修長的雙腿與穿越時空的劇情擄獲更多美國少女的心，使亞洲文化成為強勢文化。到那個時候，顏色就真的不再重要，你帶有口音的英文腔可能就是迷倒眾生的祕密武器！

09 惱人的約會法則

多一層肌肉，比多一件名牌襯衫來得性感。

我的臺灣朋友交了一位來自白俄羅斯的女朋友，他們在學校的徵才活動上認識，她大他一屆。在交往的過程裡，她考上了會計師，現在在曼哈頓中城一間很大的稅務公司上班。他不知道她是否擁有富爸爸，只告訴我們她很努力、很聰明。

今年年初他回來臺灣一趟，不免俗地要與我們一群朋友們聚一聚，在一次晚餐聚會裡，一位男性友人竟然用略帶嘲弄的語氣問他：「你幫女朋友付了多少生活費啊？」原來，那位男性友人覺得東歐女生願意和臺灣男生在一起，一定是為了男生的錢財。

前幾個禮拜，在紐約和許久未見的兩位臺灣男性友人聚餐，言談之間，他們透露出擁有臺灣國籍的驕傲和追求對岸女生的優勢，他們說：「臺灣男生在對岸很吃香。」雖然他們兩位都已單身許久，而我也從別人那裡聽到很多關於他們追求女生，卻都以失敗收場的故事。

昨天，一位女性友人傳簡訊給我，說了發生在她身邊第三起因為遠距離戀愛而分手的故事。故事主角都是臺灣男生，其中一位是某新聞臺的午間新聞主播，和他的女朋友在一起多年，感情一直很好，直到他當上主播，而後在女朋友去日本當交換學生的半年期間，他劈了腿。附帶一提，那位仁兄的私人臉書上「全部」都是自己的自拍照，除了美肌功能之外，角度也會「喬」得剛剛好。

看完了這三則故事之後，你的反應是什麼？是心中升起憤怒的火焰，覺得這些男人真是幼稚，還是覺得他們的想法與行為其實並沒有錯？

各位臺灣的男人們，如果你因為我接下來的文字而感到憤怒，我想先說聲抱歉。但我也想請你們放下心中的自尊，仔細看完這篇文章。

我身邊有很多與臺灣男生交往過的美國女性友人，也有很多被臺灣男生追求過的亞洲女生。在我好奇打聽之下，他們對臺灣男生的評價，總是不出以下幾句：

「臺灣男生很溫柔，但真的很優柔寡斷！每次要他做個決定都要想半天。」

「臺灣男生真的好害羞！有時候我都已經主動約他了，他還是不太敢和我說話。」

更甚者，還有人對我批評臺灣男生在約會時很瞎，除了讓人感覺很 cheap 之外，也完全不懂得約會的禮儀和紳士的行為。據我自己觀察，很多臺灣男生似乎只在與同樣來自亞洲的女生相處時，「說話才比較大聲」。

身為臺灣男性，每次我聽到上述批評時，心裡都很難受。東方人或許不太重視約會的禮儀，但在西方，這卻是給對方的基本尊重，也是成長的管道。我從來不覺得自己有多麼紳士，但畢竟也快三十歲了，至少我可以給你或你的男朋友一些最直接的建議，避開未來約會時可能犯的錯誤。

首先，這句座右銘請男性朋友們牢牢地記在心裡：「Never give a shit.」這句話或許有些不雅，卻是可以讓我們活得更自然的第一步。我們在做很多事情時，總是想太多，包括追求女生也是。這裡的 Never give a shit 不是要你不在意他人的感受，也不是要教你變成一個玩咖，而是不要給自己太多思考的空間，然後擁有一些衝動的權利。如果你滿喜歡一個女生，又不確定對方喜不喜歡你時，你會怎麼做？我想很多臺灣男生心中會先開始做一些沙盤演練，更甚者，會上演心中小劇場，左思右想，裹足不前，因為深怕面子掛不住。請你記住，Never give a shit，要把約會當作非常自然的事。我知道你不想搞砸與對方的關係，但你想愈多就愈不可能踏出重要的第一步。把握機會，落落大方地提出邀約，將來才不會後悔。

想約對方單獨見面，就當面問或者傳個簡訊詢問。如果對方感受到你的心意，也答應了你，那麼恭喜你已經踏出第一步；如果對方拒絕你，一樣，Never give a shit，放下手機，繼續往下一段戀情前進，不再眷戀。你要記住，每一次與女生約會都是正常的交友，不要鑽牛角尖，認定對方就是你未來交往的對象，如此一來才不會給自己太多壓力，也不會讓對方感受到你的壓迫。如果在幾次約會之後，你發現與對方不太合適，一定要用相同認真的態度去溝通，以免傷害對方。

EXIT

「大方一點」，這個態度尤其適用於外國文化。不僅是追求女生，在一般社交場合中也是，你一定要厚起臉皮，自然地對人說話，才能交到朋友，不會給人距離感。

再來，很多男生一心想交個女朋友，所以生活重心就變成「如何讓外表看起來更吸引人」，於是花很多錢去買好看的衣服，花很多時間為頭髮造型，可是卻缺乏運動和內涵。過度的外表包裝，反而給女生許多無謂的壓力，有些女生甚至認為「愛自己太多的男生，反而不懂如何去愛情人。」

多一層肌肉，比多一件名牌襯衫來得性感。

當生活擁有正確目標時，人就會渾身散發吸引力，而不是因為一件名牌的衣服。就我的經驗來說，當我一天的目標是寫文章和工作時，根本沒有精力去在乎沒有女朋友這件事，也不會太在意今天外出的衣服要怎麼搭配——只要簡簡單單、乾乾淨淨就好。

你一定要專注於追求理想，因為女生都喜歡有目標的男人，而不是空有金裝卻無所事事、整天只想著交女朋友的人。

在約會的過程裡，一些最基本的禮儀當然不能少，例如幫女生擋住門、讓女生先點餐是最基本的禮貌，有時候甚至要幫忙拉椅子和穿大衣，端看約會的場合。大多數的女生都很隨和，可是你多做絕對不會錯，反而有機會在第一次約會中留下好印象。

最重要的當然是聊天的過程。一個成熟的男人不懂什麼話題都可以認真地聊，還必須懂得傾聽。多數女人都喜歡說話、喜歡分享自己生活的細節，男人們當然也喜歡說，可是女人更喜歡懂得傾聽的男人。這裡的傾聽不是要你全程閉上嘴巴，而是要真的「聽」進去，然後給予適當的回饋。很多人男生往往只急著表現自己懂得多少學問，卻忽略給予對方之前對話的回饋或肯定，如此一來，只會讓女人覺得你是一個自大而且不討喜的笨蛋——就算你真的懂得很多。

傾聽的能力來自於日常生活經驗的累積，或者職場的歷練。當你身邊圍繞著很多比你更有學識或能力的人，你就能學會謙虛，並且學習對方的經驗。如果你的職場經驗還沒有很多，可以多讀一些書來充實自己，使自己能夠隨時安靜下來，當一個穩重的聽眾。

第一次約會時，男生一定要有花錢的準備，不是要你裝闊、當大爺，而是懂得不要過於吝嗇。

我有一位臺灣的男性朋友，和女生第一次在餐廳約會，就主動要求女生付錢，還把雙方點的食物算得一清二楚，連旅遊時幫對方買的礦泉水，都要女生回家後再用手機轉帳給他。

沒有女生喜歡吝嗇的男人，第一次出去約會時，千萬不能太算計某些小細節，有時候女生真的不想讓男生出錢，那你們就平分，不要讓人覺得婆婆媽媽。如果第一次約是男生請客，女生有很高的可能性會主動提出第二次約會（理由就是她也想要請你一頓）。你也可以用「這次我出，下次我們出來你再出就好了」，當作理由來拒絕女生出錢。

花一點小錢，得到第二次約會的機會，當然值得。雖然我好像在教大家一些小心機，但是和女生第一次約會，讓對方能舒舒服服地跟你出去，這是一個心態的問題罷了。

美國其實有很多約會時的潛規則，包括第一次約會後三天內不能連絡對方，或者第一次約會不能和對方發生親密關係等。我認為這些規則早已不適用於現在的社會，當兩人真的很契合時，一味地用心機去拖延雙方的時間只會造成更多困擾。我曾提到，男生一定要有生活目標，變得更忙碌一些，也讓對方知道你不是隨時有空，如此一來，約會時，對方也會比較珍惜兩人相處的時間。感情不是人生的全部，一定要知道自己到底想要什麼樣的生活和什麼樣的伴侶，當你把精力放在追逐人生的目標，也可以給對方一定的安全感。

約會的道理，西方和東方本來就沒有什麼不同，我卻覺得西方男人在這一方面做得更好一些，而西方的女人有時候會更主動。男人很多時候本來就要主動一點，這不僅是社會期待，更是對自我的肯定和對他人的負責。約會禮儀是可以被訓練的，你要先放下身段，然後尊重對方。一切網路上查得到的規則都不是定律，你的行為和對方的回饋才是重點。

他們這麼說

Love does not begin and end the way we seem to think it does. Love is a battle, love is a war; love is a growing up.—— James Baldwin

◆

愛情並非是以我們所想的方式開始和結束。愛情是戰鬥、是戰爭，愛也使人成長。
—— 詹姆斯・鮑德溫

10 健康美和假睫毛

最美麗的女人絕對不是穿著最華麗的女人，而是最懂得自己身體的特點，臉上始終充滿著微笑的女人。

東方女人愛美，西方女人也愛美，「美」很主觀，沒有對錯，更沒有一個正確的答案。但社會卻常常為「美」制定出一套嚴格的規則——你只需要遵守這些規則，符合大眾對美的期待，就是個美麗的女人。於是，每一個女生都覺得自己愈瘦愈好看；於是，整形手術愈來愈流行，好像同一個模子印出來；於是，假睫毛又濃密又長；於是，照相軟體的美肌功能取代平時的肌膚保養。

流行許久的速食文化也占領了審美文化，人們開始只想著如何快速地把自己變成別人心目中理想的樣子，卻不在乎什麼樣子才最適合自己。外表當然重要，這點不管在東方還是在西方都是一樣的，但這世界上應該有千萬種不同的美麗，否則就浪費了父母親給予的獨一無二樣貌。

整形文化在西方年輕人心中不像亞洲那麼樣流行，他們更注重以自我鍛鍊打造亮麗的外在，美國有很多女生是運動健將，慢跑和重訓是每天生活的一部分。不管是修長的雙腿，抑或是讓人想入非非的翹臀，都可以經由運動而獲得。而健康的小麥膚色使大家嚮往和羨慕，有時候更是地位的象徵——擁有假期可以度假。這種靠汗水所累積的成果不僅鍛鍊女人的意志力，也讓美麗更踏實和自然。

西方女人當然也在乎別人的眼光，卻鮮少聽到她們批評別人，相反地，卻聽到很多給予他人的讚美。有些時候，讚美會讓我這樣的異鄉人感到多餘和表面，甚至有點「假」；但仔細想想，這些讚美可以使人擁有更多自信，而有了自信以後，似乎也就不那麼在意別人的眼光了。我回想起以前在瑞典，很多較為豐腴的女生依然充滿了自信，依然把自己打扮得光鮮亮麗，並擁有一大堆追求者。

我當然也有自己的審美觀。對我來說，這個世界上絕對沒有「醜」女人，只有沒有

自信的女人。當一個女人沒有自信的時候，她才會非常在意其他人的看法，才會想盡辦法把自己變成大眾期待的樣子，也正因為缺乏自信，導致臉上的妝愈來愈濃，身上的衣服愈來愈短，然後漸漸失去了笑容。

與其花錢做手術整形，還不如調整自己的心態，就算你要整形，也千萬不要為了滿足他人的眼光而整。

成熟的女人絕對懂得自己生活的目標是什麼，當她知道人生中有哪些事情可以讓自己獲得成就感時，就不會在意外表是否可以獲得大眾的肯定。所以對我來說，最美麗的女人絕對不是穿著最華麗的女人，而是最懂得自己身體的特點，臉上始終充滿著微笑的女人。

女人一定要先瞭解自己，才能夠散發出屬於自己的美麗。

我一直避免談到東西方審美觀的差異，因為西方國家的美麗真的很多元。與其描述他們的審美觀，還不如說他們根本就沒有特定的審美觀。這也就是為什麼很多臺灣女生到了美國之後，飲食習慣往往得到解放，一方面因為亞洲人本身看起來就比較瘦小，另一方面則是沒有人會批評你的身材。很多人印象中的美國人是不注重身材，不會穿衣服的胖子，我在美國許多地方生活之後，發現胖子的確不少，但「注重身材」的女生更多。

從前的我和很多鄉民一樣，喜歡評論身邊或者是電視上女生的身材和長相。我看女生，當然愈白愈好，前愈凸後愈翹愈性感，甚至偏好講話很溫柔的女生。但經過幾年思考，我發現以往對女生的審美觀，完全建立在沙文主義對女性的框架裡，而這個框架可能由媒體或者網路上的「鄉民」所建造。仔細想想，如果連男生都侷限在狹隘的審美觀裡，那麼生長在臺灣的女生又怎麼可能擁有一顆強大的心，不去理會異性對自己的毒舌，和媒體對美醜的批判？

在國外這麼多年以來，我發現女生的笑容可以占據我的一切視線。一個微笑讓距離感都消失了；一個微笑讓自信心展露無疑；一個微笑搭配穩重且宏亮的招呼，遠遠超過飄忽不定的眼神和不知所云的喃喃細語。

雖然每個人的審美觀都不一樣，但誰不會愛上健康的笑容？

臺灣男人們常常喜歡把「女神」塑造成某種特定的柔美樣貌，只要哪個女生跌出了模型，彷彿就再也得不到男人的關愛。醒醒吧女人！你的人生不是為了那些男人而活。如果你還為了身材沒有達到男人們眼中的標準而感到苦惱，就永遠沒辦法在這個社會的氛圍下好好喘息，你的一生也將為了追求男人眼中的標準而疲於奔命。

記住！充滿自信才可以不在乎別人的眼光，才是成熟的人格，更是對自己負責的表現。

這篇文章不在說明西方人喜歡什麼樣子的女生，也不是寫給想變成西方面孔的東方女生看，而是寫給已經受夠臺灣男生對女生單一審美標準的獨立女性，希望給你改變的契機。

11 如果你不是你自己，你是誰？

今年五月初，美國誕生了一位全世界最有名的變性人——Caitlyn Jenner。

Caitlyn Jenner 原本的名字是 Bruce Jenner。「她」還是「他」的時候，曾經為美國在一九七六年的夏季奧運中奪得了一面男子十項全能項目的金牌。當時的他被美國人民稱為世界最偉大的運動員之一，在冷戰時期甚至被視為國家英雄，退休之後也沒有消失在螢光幕前，陸陸續續參加許多電視實境秀的演出。他與第三任妻子結褵將近二十年，且與兩位前妻一共育有六名子女，一直在電視圈非常活躍，是家喻戶曉的名人。

Bruce 看似光鮮亮麗且幸福美滿的生活，今年四月參與 ABC 電視節目 20/20

的專訪後，又增添更精彩的一頁——他承認已經與現任妻子離婚，並且動了變性手術，然後從此改名為 Caitlyn。就在這一夜過後，「她」成為全美、甚至是全世界最有話題的變性人。超商裡 Vanity Fair 雜誌，封面上美豔又充滿女人味的 Caitlyn 照片，在社群網路上被瘋狂評論與轉貼。封面上的一句話，簡短卻展現出她最強而有力的宣示——

"Call me Caitlyn."（叫我 Caitlyn）。

今年六十五歲的 Bruce 從此消失在這個世界上；而 Caitlyn 在那個特別的夜晚，則以女性的姿態誕生。

令人訝異地，美國這麼多元先進的國家，在 Caitlyn 宣示自己的重生之後，卻引來許多負面的評價。不僅基督徒大肆批評她的行為有違神的旨意；很多民眾更連署要求收回奧運金牌；一間墨西哥餐廳在他們的菜單上更稱她只是「在封面上穿著衣服的 Kardashian」（Kim Kardashian 為美國社交名媛與實境秀的知名影星，她曾經因為與前男友的性愛影片而登上了新聞頭條。Bruce Jenner 是她的繼父）。大導演克林．伊斯威特甚至在頒獎典禮上開玩笑稱她為 Caitlyn Something 而被媒體大加撻伐。而因為身為保守黨共和黨的支持者的關係，甚至有記者直接去詢問共和黨二〇一六年的可能總統候選人里克．桑托勒姆（Rick Santorum）：「你是否願意接受 Caitlyn 的選票？」

當然，支持 Caitlyn 的聲音還是很多，只是在看過了這麼多負面的評價之後，我還是對很多言論感到很失望。人們往往認為大多數人的想法或行為就是「正確」的價值觀，卻忽略了這個世界上有各式各樣的人存在，他們的不一樣就純粹只是不一樣，並沒有對錯，也不是異類。

弱勢文化絕對不是該被滅絕的文化，而同性戀或者變性人也絕對不是「病人」。我們應該把他們當作一般人看待，要給予的不是同情，而是鼓勵。

如果你需要說服全世界你的行為是正常的，那麼就透露出你覺得你的行為是「不正常」的。這也是美國讓我訝異的地方，一個演員出櫃，可以引起這麼大的論戰；一位變性的國家英雄能引來這麼多批評。

六十五歲的 Bruce 花了超過半個世紀的時間為國家奮戰，隱藏性別傾向，結婚生子。他或許得到了名與利，又或許在猶豫的過程中不小心傷害了家人，但在今天，他勇敢地

VANITY FAIR
Call me Caitlyn
VANITY FAIR / VOGUE
LAST WEEK'S ISSUE OF
A CIVIL RIGH
Kate
INSIDE
SECRET AFFAIR
BINDI IRWIN TELLS US
I'm Making

USA
935

向大家宣告重生，並且真正地做「自己的英雄」。Bruce 或許可以繼續隱瞞，當永遠的國家英雄、實境秀明星，也可以繼續當他妻子的丈夫和孩子的爸爸，但 Caitlyn 卻得被隱藏在黑暗之中，隨著 Bruce 的逝去而消失。

知名電視動畫影集《蓋酷家庭》（Family Guy）的製作人賽思．麥克法蘭在媒體詢問他關於 Caitlyn 的議題時，說：「我的人生哲學是『你活著，也要讓別人活著』。如果有任何事情能夠讓那個人開心，他就有權利去做那件事情——只要他沒有傷害到任何人。你活著，你也要讓別人活著。」

沒錯，你有權利過自己想要的生活、有權利讓自己快樂，所以每個人都應該如此，只是方式不一樣罷了。這個世界有七十億人口，「和別人不一樣」是一種常態，有些時候更是天賦。我們沒有權利干擾、批評，或者阻撓別人追求想過的生活。

當 Daily Mail 找來九到十一歲的孩子們，把 Bruce 和 Caitlyn 的照片拿給他們看，並且說明是同一個人時，這些孩子們的回答，單純，卻讓人感動……

「她想要成為誰，她就可以成為誰，我不在乎！」一個金髮碧眼的小女孩說。

「我想那些批評的人只是害怕改變。那些人在人生當中不敢做出任何改變純粹是因為他們沒有勇氣，以及不知道如何處理人們對他們的觀感。」另一位黑人小女孩緊接著說道。

一位小男孩忽然可愛地自問自答了起來：「做自己真的很重要。因為如果你不是你自己，那麼，你是誰？」他困惑地看著鏡頭。

看著 Bruce 在奧運當中衝過終點線高舉雙手的畫面，我只想說：

「Bruce，Caitlyn，你這次是真的贏了。」

LOVE

他們這麼說

It is better to be hated for what you are than to be loved for what you are not.
—— André Gide, Autumn Leaves

◆

展現真實的自我而被厭惡，好過扮演虛假的角色而被喜愛。**——安德烈．紀德《秋葉》**

12 西歐、美國女生，愛情大不同

不同文化下的愛情觀，沒有對錯，差別只在於你是否會被吸引罷了。

到過歐洲的人應該都感覺到，我們這些「外國人」似乎比較容易交到真心的朋友，來美國之後，歐洲人較易親近的感覺依然很強烈。我在學校或者工作環境裡認識的朋友中，外國人——也就是指歐洲人——占大多數。我的朋友當然也有美國人，可是與他們相處卻總是像隔著一層紗，平時交談的時候看似很要好，但真的互相瞭解嗎？知道對方一些私密的事情嗎？答案是否定的。

二〇一二年夏天，我幾位在瑞典讀書時認識的朋友，利用休假大老遠從斯德哥爾摩飛來紐約拜訪我。我們認識將近五年的時間，依然保持著緊密聯絡，但這個現象（至少對於我來說）在美國認識的朋友當中，幾乎不曾發生。

美國的文化非常獨特，或許是因為他們大多從小就離開家裡，獨自到其他地方打拚，又或者受到教育影響，他們非常注重隱私。如果不是從小一起長大的好朋友，就算你們偶爾會出去吃飯或喝酒，你也很難成為他們生活裡的一部分。但和歐洲人做朋友，就像在自己國家認識朋友一樣，對方會主動邀請你參加他們的私人聚會，會找你聊聊生活中的瑣事，你會有「被重視」的感覺，也會覺得自己交到了真心的朋友。

美國很大，尤其在紐約，這裡的人有一半以上不是美國人，有些人甚至保留著自己國家的文化和生活習慣；而歐洲也很大，我這裡所提到的歐洲人主要指西歐人和北歐人（德國、法國、瑞典等），至於東歐，那裡的文化真的非常特別，有些地方甚至比亞洲保守，所以不在比較的範圍中。總而言之，我不想把所有國家的人都歸類到一個刻板印象中。

美國女生的個性乍看之下屬於鄰家女孩型，而歐洲女生則讓人有距離感。要認識美國女生非常簡單，你只要開口和她們說話就可以了，大部分時候，你不用擔心沒有話題可以聊，因為她們愛和陌生人聊天的熱情絕對超乎你的想像。歐洲女生比較像亞洲女生，容易害羞，非常有禮貌。和不認識的歐洲女生聊天，要能忍受尷尬的安靜，也要一直尋找新的話題。

美國女生與歐洲女生喜歡的男生類型也不大相同。美國女生喜歡「外放」的男生，你不僅要有自信，甚至要有些「自負」；而歐洲女生喜歡的男生接近亞洲女生喜歡的類型，也就是內斂、有內涵的男生。我不是說美國女生喜歡沒有內涵的男生，但美國文化就是這樣——講話大聲才有人聽，要秀出肌肉才會讓人覺得性感。這並沒有對錯，差別只在於你是否會被吸引罷了。

在美國，很多人都稱三十歲以下的美國年輕女孩為「Add Child」，就是類似「大小孩」的意思。和美國女生約會，你一定要盡全力維持新鮮感，要懂得與她調情，也要學會與對方開玩笑。如果花太多時間聊認真的話題，或者談一些嚴肅又抽象的議題，她對你的興趣和新鮮感很可能快速地消失。歐洲女生似乎比較能夠接受嚴肅的議題，願意與你討論一些「有意義」的事情（不會讓你顯得無趣），但很多時候她們又過度認真，導致對話太嚴肅，甚至夾帶著爭執。

美國的約會文化是獨一無二的，美國女生會同時和很多男生約會，這會帶給你很大的壓力——你必須競爭，必須找到方法使女生喜歡與你相處。真正進入到交往的階段以後，美國女生的鄰家女孩個性會使你比較自在，她們「有話就說」，不會太在意你的想法，正是因為這樣，你不必去猜忌對方的想法。美國女生「有話實說」的個性，也使你更懂得尊重對方，因為你知道對方最真實的需求是什麼。歐洲女生比較內斂，有時候很難猜得到她們到底想什麼、到底要什麼，因為她們不說並不代表真的「不想要」或者「沒有問題」。

美國女生和歐洲女生對待男生的方式也大不相同。女權主義在這兩個地方都相當盛行，歐洲兩性平等的觀念深植在孩子的教育中；而美國雖然在近幾年大力倡導兩性平權，但似乎有些本末倒置。我在《魔力瑞典》一書中提到：「在瑞典，由於性別的界線模糊，孩子們從小便接受男女平等教育的薰陶，不僅女性與男性平起平坐，同性更可以藉由同居的方式共組家庭，並領養小孩。」

歐洲女生對待男生的方式真的會使你感受到「兩性平等」。除了平時吃飯各付各的之外，你可以在她面前展現出脆弱的一面，也可以和她討論任何話題，不會被說「娘」，因為「男女生無差別」的想法在她們心中深植已久，莫名的男性自尊在歐洲女生的眼中反而顯得很奇怪。

美國女生的兩性平等觀念則顯得有些攻擊性。她們認為男生就應該放下身段來娛樂和追求她們，當她們遇到麻煩時，也會期待男生幫助她們解決問題，與我們亞洲的價值觀有些類似，認為男生就應該展現出雄性魅力。雖然這兩種想法沒有絕對的對與錯，可是對我來說，歐洲女生對待男生的方式確實使人輕鬆許多。剛開始交往時，你可能還不太習慣，因為很多事情（例如搬東西和付錢）似乎都是男朋友該做的事情，但歐洲女生會很自然地去做她該做的，不會反過頭來要求你，不會認為你是男生就要做男生該做的事。

總結來說，從認識、追求、約會到交往，歐洲女生對待愛情的方式除了兩性平等的觀念之外，和亞洲文化確實較類似，也使人產生「歐洲文化較保守與傳統」的錯覺；但其實是因為美國文化如此獨特，才造就了其他文化的相同性。

我分享以上有趣的觀察，沒有妄下好壞的定論，但有一點可以肯定美國女生比較好——大部分美國女生不像歐洲女生喜歡抽菸！

13 男女平等，實現了嗎？

性別歧視源自男性當權者對私欲和權力的掌控，而不代表女性的能力真的薄弱。

性別平等和種族議題這幾年在美國激起了廣泛的討論。對於生長在臺灣的我，可能是身為男性的關係，對於這方面的議題一直不是非常敏感。雖然常常看到很多物化女性的爭議新聞，內心卻覺得無可奈何，因為畢竟要改變我們的傳統文化，不是幾年光陰能達成的。

直到數年前，我踏上瑞典國度，才發現當地對性別平等的重視，存在於生活的各個階段，從父母親對孩子的教育、學校教導孩子的方式，一直到長大後兩性的相處和職場的平等等，他們都努力消除任何對於性別的刻板印象。我才驚覺很多不平等的事，無形地存在於臺灣文化中，而要消除歧視必須從文化基礎開始改變，改變要自己爭取，不是被動地等待社會的自然進化。

前幾年在私募基金尋找投資標的時，赫然發現美國有很多俗稱 Women-owned-business（WOB），翻譯成中文就是「婦女擁有的公司」。在這些公司裡，女性持有五〇%以上的所有權，然後這些公司可以享受政府所給的稅賦優惠、貸款利率的折扣等。這項政策看似理所當然，卻讓我對兩性平等的認識，投下了一顆震撼彈。

以前的我，在臺灣或在美國，不覺得兩性不平等有什麼嚴重性。當我在電視上看到宏達電的董事長王雪紅，或是競選總統失利的希拉蕊，心中對她們並沒有歧見，但直到我進入了職場以後，才發現「性別歧視」無所不在。

在大公司中被賦予決策權職位的女性，遠少於男性。當我還是業務銷售員的時候，常常和老闆一起討論新人面試的結果，當時的老闆很年輕，口無遮攔，時常在面試完之後，熱烈地和我們討論剛剛來面試的女生有多麼辣（hot），有時候甚至當場和其他上司討論起她的身材。因為我們這些負責決策的同事都是男性，所以當初我沒有很在意，甚至覺得老闆很好笑、很親切。老闆有幾項評估候選人的重要標準——有孩子的媽媽一定不能錄用、已結婚或者丈夫工作太好的女生要審慎考慮，甚至對學歷太高的女生也要審慎評估。

老闆的理由是做銷售員需要吃苦，需要長時間地投入工作，需要全心全意地把心思放在升遷上。如果你有了孩子，就不能隨時待命；如果你已經結婚，丈夫可能不同意你這麼辛苦的工作，賺取這麼微薄的薪水；如果你的學歷太高，就不能吃苦，也比較容易跳槽。老闆對於男性候選人的門檻倒是沒有這麼多，只要保證將來能辛苦地工作，所以我們辦公室男女生的比例一直維持著七：三。

老闆也會有意無意地說出歧視女性的言論。他會私下在男生的聚會裡罵女下屬婊子，只因為她在會議上提出了反對他的言論；甚至會囂張地對我們說他可以任意和公司裡的女生上床，只因為他是老闆。這些言論雖然玩笑的成分居多，但沒有任何人制止他，甚至有很多男同事在一旁起鬨，表示同意。

在這間公司工作了幾個月，強烈影響我對美國兩性平等的認知，也才知道性別歧視

的現象在美國依舊存在。我待的這間銷售公司位在紐澤西中部的一座中型城市，老闆是來自辛辛那提的白人，整間公司的決策圈都是白人，除了我一個亞洲人以外，沒有其他有色人種，但這不是特例。一些在大城市或者規模稍大的公司，會雇用很多有色人種或女性，主因是為了遵守法律，不影響企業形象；有些則是因為專業領域需要依賴少數族群。可是在離開大城市之後，不受約束的小公司常常毫不遮掩他們心中對少數族群的歧視，而這或許才是許多美國白人男性心中非常真實，卻相當醜陋的想法。更值得我們深思的議題是，進入公司以後，許多少數族群遭受的言語暴力。

根據數字，我們不難看出一些端倪。美國在世界經濟論壇（World Economic Forum）二〇一四年公布的全球一百四十二個國家的性別平等排名中，排名第二十，看似不差，但細看評分內容，除了「經濟參與度」和「工作機會」在全球排名第四名以外，美國女性的「政治參與度」竟然只排到第五十四名。而就算美國女性的工作機會與男性均等，在同一個職位上，女性的平均薪水只有男性的六六%，這項指標也拉低了「薪水平等」這個項目。所以女性在職場上除了找工作困難之外，當被賦予了與男人一樣的工作時，薪水可能還領得比男性少。

臺灣因為不是聯合國的成員國，所以在榜上沒有名次，根據主計處的統計結果，我們可以排上世界前十。我對此抱持懷疑的態度，因為根據資料，臺灣排名較高的是「政治參與度」，而不是「經濟參與度」或者「工作機會」，所以對於一般職業婦女來說，這個排名比較沒有意義，因為「經濟參與度」才是讓多數大眾「有感」的指標。

這些數字讓我回想起之前在私募基金的工作環境，公司規模不大，但是老闆們都是受過高等教育的人，除了哈佛，或者麻省理工MBA畢業的人之外，旗下的分析師和員工也都是持有證照的專業人才。可是，整間公司只有兩位女員工，一位與我一樣是分析師，另一位則是負責接電話和安排老闆行程的祕書。而每次幫老闆面試新人，也發現老闆總是優先考慮男性。他給我們的理由是男生比較好說話，不用擔心會觸犯法律，也可以跟著老闆努力工作到半夜。再加上老闆喜歡找員工一起出去喝酒，所以他覺得找男生出去比較輕鬆。

老闆有老闆的考量，我也不能夠說他歧視女性，但這些「圖自己方便」的觀點確實會一代一代傳遞下去。

雖然美國給予女性的工作機會很多，但是工作性質和責任大小與男性還是有差別。雖然近年來美國通過了Equal Pay Act（法院可以判斷與處罰雇主沒有提供男女性在同一職缺上平等的薪水），但是這個法案只杜絕了同性質職缺上的不平等，並沒有涵蓋所有雇用的程序。

每一個職業的男女性比例都不同，例如我之前待的銀行和現在工作的會計師事務所，女性員工的比例就非常高，高層也不缺乏女性上司。但值得注意的是，許多高層的女性大多到了中年還是單身，抑或是未婚。雖然我手上的樣本數不多，但是婚姻對西方女性的工作，還是有一定程度的影響。

最後，從產假及育嬰假的角度出發，我們就可以知道自己國家離男女平等的距離有多遠。

瑞典是全世界公認兩性最平等的國家之一，瑞典的父母親可以「共同」擁有高達四百八十天（約六十八週的產假及育嬰假），並且可以在前三百九十天領八成薪，後

AMSTEL LIGHT
The DUBLINER

九十天領全薪。瑞士雖然只有女性擁有十六週產假，但是在放假期間可以領到全薪，男性則有十天的全薪陪產假。而美國女性雖然可以擁有十二週產假（父親也可以擁有十二週），但是在待產或者育嬰期間，父母親在法律上是不必被支薪的！美國也是所有已開發國家中，唯一沒有規定產假要支付薪水的國家。

至於臺灣女性僅擁有八週的產假，如果待在公司的時間超過了半年，就可以領全薪；若沒有，只能領半薪。臺灣男性則只有五天的全薪育嬰假。雖然每一間公司的規定可能不同，但是法律規定了最基本的門檻，反應這個國家如何看待性別平等、對女性的照顧，以及對父母分擔照顧孩子責任的期待。

種種因素，導致很多雇主不願意雇用女性，或者使女性必須提早離開職場，造成男性在家中常常屬於經濟強勢的一方，並擁有支配的權利。

我相信很多人忿忿不平，但有更多人選擇接受，或許早就習慣了被不平等地對待，或許覺得事不關己。即使在現在，女生光是走在紐約街頭就可能遭受言語和眼神的性騷擾。如果選擇隱忍，就代表默認與接受，也就喪失改變的契機。我相信性別或種族平等絕對是一個國家發展成熟度的關鍵，即便有快速的經濟發展，卻極度箝制女性的權利，對我來說，就是一個落後的國家。

傳統文化或教育並不是永遠都正確，很多時候，性別歧視源自男性當權者對私欲和權力的掌控，而不代表女性的能力真的薄弱。

如果你想要改變，就去爭取改變法律、社會氛圍的機會，最後，爭取整個國家的改變。當改變發生，男女平等就像呼吸一樣自然。不僅為了自己，也為了你的孩子，我們都要做對的選擇。

他們這麼說

The thing women have yet to learn is nobody gives you power. You just take it.
—— Roseanne Barr

◆

女人需要明白的是權利不是別人給的，而是自己爭取來的。—— **蘿珊妮．巴爾**

Cat-calling是讚美還是性騷擾？

一個男生如果在非性愛的環境中忽略了女性說「不」的權利，那麼這個男生就極有可能在性愛中也忽略女生所表達的「不」。

近在網路上瘋狂流傳著一個實驗影片。影片中，一位年輕的女生身上穿著再正常不過的黑色 T-shirt、搭配牛仔褲，然後在紐約街頭漫步整整十個小時。這位女生的前方跟著藏有隱藏鏡頭的攝影師，他試圖全程拍攝這位女生在紐約街頭經歷的一切。

使人震驚地，短短的幾個小時內，這位女生居然遇到超過一百個男生對她有言語、甚至行為上的騷擾，輕則說聲早安，上下打量她的身材，對她「微笑」，或者吹口哨，甚至「稱讚」她很性感，擁有豐滿的翹臀；重則安靜地跟蹤數十分鐘，或者一直不斷和她說話。當這位女孩不理會那些男生，有人會惱羞成怒地對她咆哮：「你應該要說聲謝謝！」當這位女孩叫男生走開，有人會激動地問她：「我對你來說太醜了嗎？」

Cat-calling 是來自拉丁美洲或者黑人族群的特殊文化。主要發生在街頭，當看到吸引他們的異性，為了得到對方的注意，會吹口哨，或者對那位異性咆哮，然後尋找進一步交往或是發生關係的機會。這樣的行為可能發生在男性或者是女性身上。有一部分人認為是一種讚美，但有更多人認為不受到尊重，甚至是性騷擾。

先不論在紐約長大的女性，我從各地來紐約念書、短暫停留幾年的女性朋友，也無一例外地曾受到 Cat-calling 的侵犯。一位來自臺北的女性朋友，去年夏天來紐約念書，獨自一人居住在皇后區的公寓，公寓旁總是聚集著兩到三位美國非裔的年輕人，整天無所事事地坐在階梯上，每當她下樓準備上課或者回家經過他們身邊時，那些人總是對她做出各種 Cat-calling。

「嘿！亞洲小妞！要不要和 Daddy 玩一玩啊？」

「哇嗚！我喜歡可以從你的衣服外面看到你的胸罩顏色。你好性感啊！寶貝！」

諸如此類的騷擾，導致我的朋友每天離家或者返家時都得保持備戰狀態，深怕那些年輕人會有更進一步的舉動。果不其然，他們變本加厲，開始擋在我朋友的家門前，不讓她回家，有些時候更會圍住她，用言語騷擾。如果我的朋友稍微強硬地用言語反擊，他們會用更輕浮的語句繼續訕笑。一個月過後，我朋友忍無可忍地搬離公寓，現在每天隨身攜帶防狼噴霧，提心吊膽地過著學生生活。

Cat-calling 的爭議在近幾年掀起廣泛討論與撻伐，但令人訝異地，這樣看似不尊重女性的行為卻有不少人擁護。

「我想，在未來，女權主義者會希望男生只因為多看了她們一眼就被逮捕吧！」

「拜託！有很多女生很喜歡被讚美，不是嗎？說她的身體很漂亮根本沒有什麼。」

「有人強暴或者是攻擊她們嗎？我只看到那些女生被稱讚、被要電話。這些女權主義者的言論根本毫無建設性可言。」

「今天如果是男生走在路上被女生 Cat-calling，那些女權主義者會一樣跳出來捍衛那些男生的權益嗎？」

不管是網路、新聞，甚至是朋友之間，大多數男性都支持 Cat-calling 的言論。這些擁護者「認為」女生會喜歡被 Cat-calling、「覺得」這些行為根本沒有傷害到女生，他們似乎不曾想過是把自己的行為強加在不喜歡這些行為的女性身上。

一位女權主義者在研究論文中說道：「一個男生如果在非性愛的環境中忽略了女性說『不』的權利，那麼這個男生就極有可能在性愛中也忽略女生所表達的『不』。」當一個人不斷用言語去騷擾那些不喜歡被 Cat-calling 的對象，等於釋出了一個訊息——你想要說話的欲望凌駕於對方不想要被打擾的心情之上。

如同印度大眾把強暴案原因怪罪在「女生穿著很少」、「不尊重自己在先」的扭曲想法一樣，很多時候，男性利用這些自私的想法，把自己的行為合理化，把不尊重的行為解釋成「為女生做她們喜歡的事」。Cat-calling 其實就是強暴文化的延伸，你會因為女生沒有對你的 Cat-calling 說聲感謝而感到憤怒，就可能犯下強暴案卻不認為自己有錯；你會因為女生沉默而變本加厲地騷擾，就可能傷害或打壓較弱勢或者性格較為溫和的女人。

兩性平等雖然主要訴求「女性與男性平起平坐」；但不管是男性或者女性，只要遇到使人不舒服的舉動，都有要求對方停止的權利，而不是強加「平等」兩個字在所有事情上。如果把影片中的主角換成男生，把 Cat-calling 和跟蹤的路人們換成女生，我們或許不會感到那麼不舒服，因為畢竟男生比較強壯，如果有危險發生，男生似乎可以恫嚇對方；但主角是女生，任何男生都可以輕易地傷害她，感受的威脅絕對比較強烈，我們不能用「兩性平等」當理由，強迫女性接受這樣的威脅。

兩性平等當然建立在兩性本身的差異上，尋求弱勢應該獲得的權利，而非一味地追求齊頭式平等，更不該變成強者的舞臺，用於攻擊弱者。

看看美國街頭的 Cat-calling 文化，再看看臺灣媒體物化女性的各種方式，甚至再探討一些傳統回教國家弱化的女性權利，在這個女權主義崛起的年代，很多人還是習慣為女性設置框架，然後在框架中駕馭她們的審美觀（很多男性還是經常強制灌輸自己的想法在女性身上）。

兩性平等還有很長的一段路要走，但是第一步絕對是「互相尊重」，這也是最關鍵的一步。

變更好。

15

現在回臺灣，你就是 loser

人唯有在孤獨的時候才可以與自己對話。體驗孤獨，然後瞭解孤獨，之後享受孤獨，最後懂得感激。

出國旅行可以讓人增廣見聞，體驗當地人的生活與文化，但當你真的必須在異鄉討生活時，那些短期旅遊才有的樂趣或驚喜，就變成每天再習慣不過的事。

從來沒有來過或者剛到紐約的人會被時代廣場的燈光所震懾，會被百老匯的表演所吸引，會因為博物館的收藏而感到興奮，也會因為地鐵裡的髒亂而感到害怕，四年前剛來到紐約的我就是如此。四年過後，我卻對自己的轉變感到訝異。我不再需要地鐵的路線圖，也知道怎麼去目的地；我不再害怕和陌生人說話；我可以平靜地坐在街友的旁邊看書；甚至常常充當導遊，為街上迷路的旅客指引方向。

我可以清楚地記得瑞典烏普薩拉的那座粉紅色城堡、印度加爾各答的那輛淡藍色三輪車、紐西蘭羅托魯阿溫泉旅館內已經吃掉一口的起司蛋糕，卻記不太清楚這四年發生的事情或看過的景色。

我知道一座城市可以改變一個人，但紐約對我的影響卻超乎想像。

很多家長曾經問過我，到底該不該把小孩子送出國？該趁他們幾歲的時候送出去？也有很多在社會上工作過幾年的朋友問我，年近三十歲出國攻讀學位，值得投資嗎？這問題看似不好回答，但其實只要一個念頭就知道答案——你要知道出國的目標是什麼？

如果你只是要孩子出國體驗生活，如果只是要拿個學位就返回家鄉，有足夠的金錢就可以完成目標；但如果是要讓孩子留在異鄉生活，又或者想在畢業後留在美國工作，就要有心理準備，將經歷一段強迫成長的過程。

四年前的夏天，我剛來美國攻讀碩士學位，心態不可一世，更精確地說，我給了自己太多選擇的機會。我常常和朋友說：「如果我在美國找不到工作，大不了就回亞洲，反正現在亞洲機會這麼多！」正是因為這份自信，我不屑參與學校職涯中心舉辦的求職講座，我喜歡和亞洲人混在一起，平常沒事就窩在家，不然就去參加學校的派對，只要零用金夠，就跟隨著幾個死黨遊遍美洲各地。我始終認為在網路上投遞履歷就可以得到工作，瞧不起那些整天巴著教授和演講者的學生。直到畢業前夕，好幾個同學已經找到很好的工作，跟著我一起玩耍的朋友大多選擇返回家鄉，只剩下我一個人，面對被拒絕的面試結果，思考自己的下一步。

就在我準備放棄並打算回臺灣前一個月，認識了一位臺灣的ＡＢＣ，他不是名校畢業，也沒有強而有力的富爸爸，但他現在在全球最好的投資銀行擔任要職，也在紐約州各地置產，並常常回到他的母校演講。他不屑聽我投過多少履歷，只關心我的父母這兩年提供我多少學費，只在乎我參加過哪些活動，建立多少人脈，並批評我的英文不流利。最後，他搖搖頭，淡淡地說了一句：

「如果現在回臺灣，你就是一個 loser。」

以前的我聽到這樣的話一定很憤怒，因為我的自尊心不容許自己被人稱作 loser。

但仔細想想，我真的沒有資格受到肯定。那些我曾經瞧不起的同學，現在因為教授介紹而進了全美最大的銀行擔任分析師；那些我不屑參與的社交活動，不知道提供了多少工作機會。我或許真的是一個 nobody、一個 loser。很多剛來美國的留學生都沒有堅決的目標和果斷的決心，卻擁有莫名其妙的自信，以為在自己國家很優秀，一定可以在異鄉碰撞出璀璨的未來。殊不知，這裡是別人的地盤，他們有自己的遊戲規則，而我們這些外地來的求職者，不僅要下功夫研究他們的遊戲規則，甚至要比當地人表現得更好，才有出頭的機會。

因為他的這一句話，我決定留在美國，證明我可以在這裡生存，證明我不是 loser。

這三年來，為了工作簽證，我換了五份工作，搬家四次。我從販賣文具開始做起，用穿破的皮鞋證明自己可以在美國做生意。英文不完美，我每天看同一部影集三遍，第一遍關掉字幕，第二遍打開字幕並上網查詢不會的單字，第三遍再關掉字幕重新觀看一遍；履歷不夠好看，我就花時間考取證照；人脈不夠多，我就學習當一個「Yes

Man」，強迫自己不拒絕參與任何活動，並在每個活動拿到至少五張名片。

三年過去，從文具銷售員到銀行分析師，再到私募基金的老闆助理；為了考取會計師執照，我重新進入學校；為了維持自己學習的進度，我每天只睡三個小時。三年過去，孤獨填滿了我，我與之前的朋友逐漸失聯，身體也漸漸虛弱，紐約的景色對我而言也不再新奇。三年後的今天，我達成了目標——順利考取會計師執照並進入夢想中的公司工作。

紐約確實可以改變一個人，因為這裡的每個人都如此拚命以換取成功的果實，這使我走上不歸路，不去質疑到底要在美國待多久時間。一旦做出選擇就沒有反悔的機會，而這就是人生，人生不許你浪費太多時間猶豫，待在自己的舒適圈。

這些就是你決定留在美國後或許將經歷的一切，如果你夠幸運、夠聰明，或許不需要像我一樣，花這麼多時間從失敗中學習，但你一定要學會與寂寞相處。在家鄉，你有數也數不盡的朋友，有唾手可得的美食，甚至有無時無刻在身旁嘮叨的父母，但在紐約，你擁有的只是與自己相處的時間。那深怕被社會淘汰所引發的強迫症，使你彷彿不是為了自己而活。工作時，你晚上不管多晚回家，還是要逼自己上網看最新通過的會計法案；沒工作時，每天逼自己閱讀一小時的閒書，連運動、寫作、社交時間都要做出最完善的規劃。你開始學會與時間賽跑，甚至犧牲談戀愛的時間。

紐約使我孤獨，但正是因為孤獨，我可以讓自己變得更好，先體驗孤獨，然後瞭解孤獨，之後享受孤獨，最後懂得感激，人唯有在孤獨的時候才可以與自己對話。我也學會與人保持距離，在這注重隱私的文化裡，會有很多看似交情很好，卻完全不會聊到內心世界的「酒肉朋友」，我只能從臺北帶來的茶葉裡，尋找家鄉的味道與記憶。

你說美國好不好？這裡的環境確實比較乾淨，教育依然是全世界最頂尖的系統，而好一點的職業，薪水當然高出臺灣許多。如果能夠在生活費上多省一點錢，的確可以累積較多財富；但說到人情味，絕對是臺灣得勝。

美國值不值得留下？見仁見智。我的建議是趁年輕的時候多挑戰自己的極限，如果有能力來到國外，就要有跌倒的心理準備；如果沒有能力，你在家鄉也可以鞭策自己。

試著甘於寂寞，偶爾把自己關在黑暗裡，偶爾給自己一段時間對所有事情 say

像我一樣，我不是要你和我一樣，像yes。如果你有一些特殊興趣，不管再忙也要抽出時間去做。我不是要你和我一樣，像得到強迫症般地規劃時間，但只要試著這樣做，就比正在鬼混或開派對的人更接近成功，也比前一秒的你更對得起自己的人生。

對自己自私一點並不是錯誤，因為你不是為了別人而活，這是紐約教我的道理，也使我知道，如果想要成功就要先卸下自己的傲慢，然後再花時間與精力建築更紮實的地基。不管你決定留在家鄉打拚或是來美國，甚至去其他國度，道理都是一樣的，祝福你通過考驗。

16

ABC真的都很厲害？

或許因為教育而產生不一樣的氣質，但是智慧與資歷是人的本質，而這個本質不會因為你是ABC或不是就發生改變。

根據二〇一四年的統計，亞洲人口總數約占全美人口總數的四．七五％。這個百分比看似不高，但因為亞洲人移民美國的第一站通常選擇東岸或西岸的大城市，所以在這些城市的街頭，你隨處可以看到亞洲人。再細分東岸及西岸亞洲人的差異，現在東岸的亞洲人多是俗稱FOB（Fresh off the boat）的第一代或第二代移民；至於西岸的亞洲人則大多數是已經移民數代之後，美國化較深的亞洲後代。

根據我的經驗來看，東岸的亞洲文化確實比較貼近東方文化，又或者說，東岸的亞洲人比較符合美國大眾對一般亞洲人的刻板印象。我在東岸遇到的ＡＢＣ（American born Chinese），大多數是父母那一代移民到美國的子女，又或者是在年紀很小的時候就來美國接受教育的ＦＯＢ，他們的父母不見得如我們想像中的那樣富裕。舉中國的移民來說，從東南沿岸（例如廣東、福州）移民到紐約的家庭，很多是靠著各種管道拿到綠卡之後來美國討生活，生存的方法不外乎開餐館，或從事勞力產業；另外一些受過高等教育的第一代父母，他們從事的行業則是工程師、醫師，或者技師。而這些東岸ＡＢＣ孩子的學業成績很優秀，通常從小就被逼著去學習一、兩種樂器，媽媽是標準的亞洲「虎媽」，對孩子們的教育通常抱持著比較嚴苛的心態。

但是到了西岸，就和加州當地的好天氣一樣，這裡的亞洲人顯得多元了一點，從洛杉磯的韓裔、菲裔到舊金山的廣東裔，不像東岸的亞洲人大部分是華人。或許是身為第二代以上移民的關係，他們更美國化了一些，人生目標不一定是成為考滿分的學生（當然這裡的學生還是很認真地念書）。這裡的亞洲人從事各行各業，例如運動員或者導演等。在西岸，進入某些產業（例如金融業）賺取學雜費不一定比較高級，也不是唯一的志向，在餐廳、咖啡廳裡，到處可以看到打工的亞洲青年。

以上是我對於東西岸亞洲人的淺薄觀察。

十年前我在舊金山待了一陣子，當時的我還是小孩子；十年後的我定居紐約，唯一不變的是臺灣人對於ＡＢＣ的過度吹捧。

ＡＢＣ和我們有什麼不一樣？照外表來看，除了很多人身體練得不錯和牙齒經過美白以外，其他部分沒有什麼差異。如果你認為他們都長得像王力宏一樣，那你就錯了。假設把走在紐約街頭的亞洲人放在臺北街頭一比，其實毫無違和感——甚至會覺得有些ＡＢＣ比臺客更「臺」，唯一顯著不同的地方，在於自信心遠比我們外放與強烈。

有些人說他們的自信心來自於所說的語言，我卻認為那來自於所受的教育。曾經有ＡＢＣ向我解釋：「美國的教育把每個人都教導成完整的個體。在這個國家裡，你沒有必要強迫自己融入一個群體。」身為獨立的個體，你有權利做任何事情、成為任何你想要成為的人，甚至說任何你想說的話，不會有人評論你的對錯。在這種文化下長大的孩子，比較有自己的想法，遇到持相反意見的人，也會大聲捍衛自己的「存在」。

相反地，在亞洲，我們被教育成團體裡的一分子，做事情時，都盡力想變得和大家「一樣」，當大家都認為好好念書、考試是優秀孩子該做的事情，成績不好的孩子就視為「不乖」的壞孩子。在這種文化下長大的我們，學會察言觀色，就算遇到疑問，舉手前會猶豫不決，擔心其他人都知道答案，深怕自己的問題聽起來很「笨」，不願意在安靜的教室裡與別人「不一樣」。

對於自信心的詮釋只反應了文化的不同，並沒有明顯的高低之分，但過度隱藏確實會使別人看不見自己的優點，但是過度外放卻又顯得自己無知。

上述的文化差異，只輔助你在當地有更多的成功機會。或許東方「沉默是金」的文化在西方世界裡頭並不適用，又或許存在著缺陷，但不可否認這在講求倫理的亞洲職場文化中，可能是成功的關鍵；反之，善於表達己見的西方文化，不見得會贏得傳統亞洲主管的喜愛。

近幾年來國內年輕人過度羨慕ＡＢＣ，甚至崇拜，使我很失望。曾經有一個中英文都很流利的ＡＢＣ向我炫耀，他在臺灣只要堅持說英文就非常容易「把」到女生；

也有曾經被大學當到「二一」畢不了業的親戚，被強迫送到紐西蘭接受教育之後，搖身一變，回國後被本土銀行直接錄取，並且空降管理階層。論能力，放洋過的孩子或許沒有本土人才來得優秀；論學歷，有些本土大學畢業學生的學習內容還比較紮實。但我們從上一代就盲目地崇拜ＡＢＣ，不僅使他們在回國時產生不可一世的心理，甚至影響社會價值觀，殊不知，那些人可能不是真的有實力。

知名導演侯孝賢在榮獲坎城影展最佳導演獎後的記者會上，說：「文化到深層的時候，其實全世界都差不多。其實任何地方、任何國家、任何不同的文化地區，時間久了，都會產生出一種特性，這種特性都會產生一種造型，包括我們可以看到的，或是我們沒辦法看到但可以描述的，所以我感覺大家都通。你在任何時間、任何角落拍的電影，只要是關於人的，不管是什麼地方、什麼樣的文化，全世界人都看得懂。」不管人在什麼環境下長大，最終還是「人」，或許因為教育而產生不一樣的氣質，但是智慧與資歷是人的本質，而這個本質不會因為你是ＡＢＣ或不是就發生改變。

不可否認，ＡＢＣ是很多人羨慕的族群，這個刻板印象在短時間內難以改變，但至少我們要有一個基本概念——他們真的和我們沒有什麼不同。當我們與他們共事時千萬不要自卑，也不要盲目地崇拜。沒有一個地方的文化或教育一定比另一個地方好，千萬不要因為對方說話比較有自信心就使你卻步。我們對待ＡＢＣ應該用對待自己人一樣的方式，這種心態就是國際化的展現，臺灣的人才絕對不輸給國外。

不管你來自哪裡，最重要的是能力與實力，刻板印象只是阻撓進步的一道高牆。

他們這麼說

Whatever you want in life, other people are going to want it too. Believe in yourself enough to accept the idea that you have an equal right to it.—— Diane Sawyer

◆

你在生命中所有想要的，其他的人也會想要。相信自己，並接受自己也有同樣爭取的權利。—— **黛安・索耶**

17

學會說「不」，接受聽「不」

絕對不能忽略或畏懼接受別人說「不」的聲音，你一定要習慣別人不喜歡你，才能殺死心中的自卑。

很多人認為判斷一個人成熟與否的關鍵，在於社會經驗的累積，或者能否對家庭與孩子全心全意地付出；但我認為人可以透過練習使自己成長，而這個練習不是透過外在環境，而是學會說「不」、接受別人對你說「不」。

要向別人說「不」沒有想像中容易，或許受傳統教育影響，我們已經習慣接受自己不喜歡的事情和說法。例如我以前談戀愛時，總是相信盡力滿足對方的要求，就可以得到應得的回報；與朋友的聚會中，也常為了避免麻煩或紛爭而同意本來不同意的事情；甚至在工作場合中，無條件地幫助同事分擔業務，除了認為需要人脈之外，大部分原因就是相信從小到大縈繞耳邊的話——吃虧就是占便宜。

日子久了以後，我養成「不拒絕別人」的習慣，但這個習慣並沒有使我更愛我的女朋友，或與朋友、同事相處得更好；相反地，我彷彿喪失人格當中最重要的自信心，也常常獨自生悶氣——因為我總是做自己不喜歡的事情。

這個壞習慣甚至使我變得軟弱、猶豫不決，因為深怕拒絕別人、深怕別人覺得我「不好」；甚至更嚴重點，開始變得有些自卑，開始隱藏自己的缺點，有了不該有的包袱與壓力。惡性循環下，我彷彿喪失瞭解自己需要什麼的能力，總是認為只要接受別人的要求，對方就會覺得我是「好人」。

但「好人」能在社會上立足嗎？先不論職場，我剛到美國時，只要參加聚會，總是最安靜的那一位，不是語言能力差，而是我根本就沒有想法可以參與討論。一方的意見我同意，另一方的意見我也不能夠反對，甚至沒有辦法組織自己的意見，深怕說出來的觀點會有人「挑戰」或被取笑。

直到我念會計碩士時，一門商業法的課程才點醒我「獨立思考」的重要性。那門課教授的本業是律師，所以他的授課方式就像法庭裡原告與被告的答辯一樣精彩。每當他丟出問題，會隨機點選一位同學回答，然後再點選其他同學表達是否贊成那位同學的論點並說明原因。最後，他把班上同學分成贊成與反對的兩派，進行辯論。

這對一般美國學生來說都相當困難，更遑論母語不是英語的我，要在短短幾十秒之內表達自己的想法，真的很不容易；尤其當全班都安靜地聆聽你的回答時，更會使人腦筋一片空白。美國的學生對於這種狀況早已習慣，我發現不管在場的學生回答得多麼不好，或者英文多麼不流利，大家還是安靜地聽完答案，沒有一絲不耐、一絲訕笑，甚至當我覺得自己的答案沒有很好時，還是有各種贊成與反對的聲音——代表他們真的把我的答案完整地聽進去，並且給予適當的支持或批評。

「思考！我要你們思考！你們的答案並不重要，重要的是怎麼分析這個議題，然後說出自己的論點。」教授總是強調這個觀念。這個觀念也說明了如何在這裡的職場中生存下去，甚至如何與美國異性交往。

美國女生不喜歡「好人」，如果在一段感情當中男生是「好人」，代表他沒有主見，必須依賴女生的意見，而女人喜歡「有肩膀」和有自己想法的男生，喜歡瞭解自己目標和願意爭取目標的另一半，他要懂得在什麼時候可以對她說「不」，而不是對凡事都同意和避免紛爭的軟弱男人。

職場上更是如此。在會議裡，我可以看到下屬與長官辯論的鬧烘烘景象，而上司也常詢問菜鳥的意見，並且認真地做筆記。在美國，被快速升職的通常不是工作最認真的人，而是最會在安靜時提出意見和懂得說「不」的人。

說「不」並不是刻意唱反調，而是代表你知道自己內心深處到底要什麼，然後能不欺騙自己，勇敢面對衝突與相左的意見。你甚至可以藉由說「不」，使別人知道你的想法與私人的界線，然後藉由溝通與討論，使某一方讓步、改變，進而達到雙贏的局面。

當你懂得向別人說「不」，除了會過得更開心之外，你會聽到更多「不」。因為當你有了原則之後，與別人的摩擦也會變多，但絕對不能忽略或畏懼接受別人說「不」的聲音，一定要習慣別人不喜歡你，才能殺死心中的自卑，也才可以永遠踢走不願意說

「不」的那個你。

而當別人對你說「謝謝」，你也能大聲說出「不客氣」時，則代表你勇於接受別人的讚美。

剛到美國時，當別人稱讚我的穿著，或者當我給店員小費得到道謝時，我總是感到不知所措，甚至有些害羞，因為在亞洲，我們都懂得對別人的幫助說聲謝謝，卻沒有養成接受別人讚美或道謝的習慣。

「不客氣」和「謝謝」一樣重要，適當地接受這些回饋或讚美，是自信的展現。謙虛應該用在別人幫助你的事情上，而不是你給予別人協助的時候。既然別人願意肯定你，你當然也有權力肯定自己——大聲地說聲「不客氣」，大方地獎賞自己的能力。

世界很大，在我們成長的過程之中，一定會發現自己再也不是那位人見人愛的小朋友，當你願意向別人說「不」，內心會變得更強壯，也會漸漸地學會如何應付挑戰，不再欺騙自己，並且變得更加堅定。而認同別人說「不」的權利和接受別人的讚美更是提升自信心的兩大良藥。我不是要你變得很難搞，而是在適當的時機說對的話，然後踏出舒適圈，積極爭取自己真正想要的東西。
成長，不必獲得所有人的肯定，而是要學會聆聽自己內心深處的聲音。

18

歡迎使用交友網站

使用交友網站並不可恥，但最健康的方式還是走出戶外與人面對面交談。

紐約人很寂寞。

這裡的寂寞並不是指成天無所事事，也不是指不甘於一個人生活，更不是指性格乖僻。恰恰相反地，正因為紐約人的生活太過忙碌，很多是隻身前來、離鄉背井打拚的單身人士，所以他們更需要朋友、更需要社交生活來紓解壓力。

紐約人對於自我的要求在全美國之內是出了名的嚴苛，他們白天要工作賺錢，晚上要念書充實自己，還要鍛鍊以保持身材。紐約客彷彿都得了強迫症，連走路稍微慢一點都會被後方的行人猛然一瞪。交男女朋友在工作繁忙的紐約客身上幾乎成了不可能的任務，和朋友聚會的時間會因為各種因素而喬不攏，約會的對象也因為雙方極其有限的時間而不了了之。

這座城市看似五光十色，可是每個人的內心卻非常孤單——工作場合的同事重隱私，每個人都有自己的生活目標，很少有共同時間用來促進感情。

正因為如此，紐約的交友網站推陳出新，並且相當活絡，但是與臺灣的網站給人的觀感略有不同。臺灣的交友網站淪為無聊人士口中所謂的「約砲神器」，總是使人聯想到色情的意圖；至於臉書，更是被許多人當成博取陌生人同情與肯定的廉價工具，缺少交友的真正意義。可是，紐約的交友網站為紐約客節省了很多交友時間，促成他們化被動為主動——在需要社交生活的時候，可以利用這些網站找到同時也需要社交生活的人，然後出來聚會。我不是說紐約人都不使用交友網站找尋親密關係，當然也不乏有這樣需求的人，只是交友網站在紐約是正常的社交管道，加上性愛觀念較開放的關係，網路交友鮮少被認為是見不得人的行為。

身為前來紐約打拚的外地人，Meetup 和 Citysocilaizer 是我最推薦剛來紐約的臺灣人使用的交友網站。Meetup 網站的原理很簡單，有許多人組織各種不同的社團，社團主題包羅萬象，包括練習新語言的社團、夜生活的社團，或者對博物館、電影，甚至下午茶有興趣的社團。社團每個禮拜都會定期舉辦和主題相關的活動——你可以根據時間和興趣，選擇想參加的社團活動。活動大多為免費，參與活動的人與你志同道合，可節省很多不必要的花費與交友探索時間。

我去年開始參加了很多 Meetup 舉辦的活動，包括為單身的專業人士舉辦的社交晚會和為非美國人所舉辦的語言交換聚會等。在一個名為 New York City Newbies 的社團所舉辦的活動，我遇到來自加州的 Vannett、美屬波多黎各的 Williams 和澳洲雪梨的 Michael。我們四個都是剛來紐約市工作的外地人，很快就成為好朋友，會一起去看喜劇表演秀，一起去 Williams 工作的餐廳免費吃飯，一起去 Michael 家中看他和同性男友共同領養的女兒。

Meetup 的使用者來自世界各地，所以這個網站成為認識不同文化的絕佳管道，如果你想自己組織社團或舉辦活動，就必須繳費並有維持社團營運的責任，但你可以在最方便的時間，舉辦你有興趣的活動，然後讓志同道合的人來參加。Meetup 的優點是「免費」，幾乎每天都有各式各樣的活動，你可以選擇最方便的時段參加；壞處就是活動中出現很多想找女朋友的男生，他們參加活動的動機只是為了交女朋友，讓只想單純交朋友的女生卻步。為了避免被男性騷擾，網站有許多針對女性舉辦的活動，或在社團規定中嚴禁動機不單純的行為，害羞的女生不妨多參加這類型的社團，確保自己的安全。

Cityscializer 的性質雖然與 Meetup 略有不同，但也是認識當地人非常方便的管道，需要付費，但你不需組織社團就可以舉辦活動。如果週末想出去吃頓下午茶卻苦惱朋友都沒有空，就可以在網站上貼出這個下午茶的活動，然後也想喝下午茶的紐約客們就會參加，與你共度美好的午後時光。參加這個網站的人大多數是美國當地人，當然也有許多歐洲人，對於想要認識非亞洲人的人來說是很好的機會，再加上這個網站還屬於草創階段，所以有固定的網站志工定期在當地人才知道的酒吧或餐廳舉辦社交活動。不過也正因為網站在草創階段，有時參與活動的人數較少。

而對於想要體驗異國戀情又苦無時間與管道的人來說，最近在美國造成轟動的

Tinder 非常值得介紹。這款 App 的運作方式很簡單，打開後選擇所在地點，就會跳出數百張異性的大頭照供你挑選。這些異性也是 Tinder 的使用者，常出沒在你使用的地點。當你看到喜歡的大頭貼，就點「〇」；看到不喜歡的就選擇「ㄨ」跳過。選擇「〇」，對方會收到你對他有好感的訊息，如果對方也喜歡你的大頭貼，點選了「〇」，你們就是一對完美的配對，可以私下透過 App 傳遞訊息，保持聯絡，甚至約出來見面。Tinder 還有另一個好處，在點選「〇」或者「ㄨ」之前可以瀏覽對方的臉書資料，有機會先觀察對方的私生活。

Tinder 雖然很受歡迎，卻引起很多批評的聲浪，因為它的交友模式完全以第一印象為重，如果外表不好看，那麼就不會得到任何人的「〇」，也就很難遇到喜歡你的對象。這種忽略內涵只重外表的交友網站，非常符合紐約客的口味，因為可以節省單身男女很多時間，幫忙篩選對象。

eHarmony 也是許多美國人正在使用的網站，這個網站其實就是傳統的戀愛網站。你可以觀看異性的資料，知道他們的職業、興趣和喜好，如果喜歡對方，就透過這個網站傳訊息給他；系統也會定期發送信件給你，通知最近有哪些會員很有潛力可以和你成為一對很好的情侶。根據雙方的興趣和開出來的條件，系統也會給你和那位異性一個配對分數，分數愈高代表雙方愈契合。Hey-AI 則是專門提供亞洲男生和非亞洲女生交友的網站論壇，在想認識亞洲男生的外國女生圈子中非常火紅。

為了寫這一篇文章，我花了兩個禮拜的午餐錢去註冊了十幾個交友網站，甚至還在某個網站上看到自己的大學同學。然而看了這麼多的網站之後，我想要對你們說：

「想認識新朋友，最健康的方式還是走出戶外與人面對面交談。」

使用交友網站並不可恥，對於真的抽不出時間約會，每天忙碌工作的紐約客來說更是正常的社交活動。交友網站的優劣也常常成為三五好友聚會時共同討論的話題。但是，使用交友網站過濾訊息只是拓展生活圈的第一步，想交到知心朋友或者遇到理想的對象還是必須在見面之後，用心維持感情。網站節省了在茫茫人海挖掘志同道合的人的時間，就像前面所提到的，Meetup 促成了我與 Vannett 等人的相遇，但是真正讓我們成為死黨的原因，卻是在脫離網站之後的多次聚會裡。

最後，說個小笑話。我有一個同事在 Tinder 上認識了一個看起來充滿女人味的嬌小女生。約出來見面之後，才發現她的職業是跑 Ultra-marathon。什麼是 Ultra-marathon 呢？她每天要跑至少六個小時的馬拉松，從布魯克林穿越曼哈頓再過河到紐澤西，然後再從紐澤西跑回布魯克林的住處。我的朋友第一次和她約會就是一起跑步，之後約會也是。她總是說她沒有時間交男朋友，所以要找尋能在「跑步的時候」和她約會、聊天的人，這樣不僅省下很多空閒的時間，同時也省下在餐廳約會吃飯的花費，可以說一舉數得。

我說紐約客啊，該說你們是個天才還是偏執狂？

19 那些好萊塢電影誤導你的事

好萊塢電影教了我們好多西方世界的文化，但電影畢竟是電影，不能夠代表真正的文化。

紐約的計程車司機和臺灣的很像，都喜歡與乘客聊天，尤其是長途旅程時，計程車司機的話匣子常常一打開就再也關不起來。前幾天搭計程車到位在皇后區的朋友家中吃飯，車程大概四十分鐘，我搭上了 Joshua 所開的私人計程車，他是一個道道地地的西裔美國人，很難想像他今年才二十四歲，但已經結了婚，小孩子都四歲了。整趟車程下來，我聽了他從小到大的故事，有點心酸，彷彿是整個紐約中低階層居民的聲音。

Joshua 的父母來自巴拿馬，但是他從來沒有回去他的家鄉，甚至連紐約都沒有離開過。在他讀大學的時候，女朋友不小心懷孕，為了照顧即將出生的小孩，他輟學，開始每天開十六個小時的計程車生涯。為了籌措生活費，他戒菸，再也不去酒吧玩樂，每週最放鬆的時間就是禮拜天上午去教堂做禮拜時。他可以一個人靜靜地坐在教堂裡，聽著牧師傳道，然後在幾個小時的心靈沉澱之後，繼續出門為生活打拚。

我問他：「你的父母有幫助你度過難關嗎？」

Joshua 說：「我的父母讓我和我的家人繼續住在他們的家中就是給我最大的支持。紐約的房價真的太貴了，我只開計程車怎麼可能付得起，更遑論小孩子的奶粉錢，還有以後上學的學費……」抱怨傾瀉而來，他扯下頭上的毛帽，才二十四歲的他已經沒有了頭髮。

美國是由移民所建立的國家，不管是早期從歐洲飄洋過海來的白人、後來被強制從非洲送來美國做奴隸的黑人，到最近幾十年來瘋狂移民美國的亞洲人。除了在自己家鄉本來就很有錢的家庭或者由家裡贊助學費來美國念書的學生之外，都會覺得這裡的貧富差距大到令人難以想像。尤其在紐約，這個充滿美國夢的城市，雖然可以看到很多名車和高級公寓穿梭與聳立在城市中央，但看到更多在地鐵上乞討的街友，或是整天瘋狂工作卻只拿到微薄薪水、為了生存而搏鬥的市井小民。

臺灣也是由移民所組成的島嶼，老師教導我們臺灣人是冒險犯難的族群，美國人也是如此。為什麼美國有這麼多富豪？有這麼多創意？有這麼多白手起家的企業家？正是因為他們的祖先都是從無打拚到有的外來移民，在這片什麼都沒有的土地上創造了自己的家園。美國夢也是如此，這塊土地給了人們希望，一個只要你努力就會成功的希望。當然，很多人努力了大半輩子卻還生活在水深火熱之中，可是至少這裡的人們站在同一條起跑線上出發，就算失敗也心服口服。

這套理論可以套用於我在美國生活的每一個小細節裡。紐約人的工作態度超乎一般人的想像，好萊塢電影裡使人羨慕的白領生活，不知道是那些人努力了幾年才獲得的。我之前在華爾街的銀行工作時，大家幾乎都工作到半夜才由公司招計程車送他們回家，但每天一早七點多，又在辦公室裡看到他們。出現在電影裡紙醉金迷的富豪生活，或者存在於一般人心中美國人工作懶散的印象，在我心中是徹徹底底地崩盤了。你可以批評

Robert Bestien
COLLECTIONS
HANDBAGS &
ACCESSORIES
DIVISION OF
BESTCRAFT HANDBAG
CORP.
1 E.33 ST.

他們的高消費文化，但不能否認他們也花費了不少精力賺取金錢。

在美國，年輕人早早被踢出家門是見怪不怪的事。我們很少問朋友父母親的職業，因為那並不重要，這位朋友很可能在高中時就打工賺取生活費——不管父母親多麼富有。我在做文具銷售員時認識了一位美國女生，她的父母都是全美最大銀行之一的Bank of America在奧勒岡州的資深分析師，她卻在十八歲就獨自來到紐約找工作。據她說，她父母在她出門前只給了一千美金，然後就再也沒有支援任何生活費。她爸對她說：「如果你要繼續念大學，那就自己賺生活費。我和你媽已經把你養到十八歲了，我們還想在海邊買一棟房子，所以除非你真的走投無路，否則不要向我們要錢。」

她和家人的關係依然非常親近，因為在美國家庭裡，要求孩子「靠自己」是很正常的現象。很多美國父母認為自己努力打拚了一輩子，該開始享受生活，如果孩子們也想享受財富，就應自己爭取。於是，不少人年紀輕輕卻早已做過許多工作。我就讀研究所時，每個人幾乎都是白天工作或實習，晚上上課，很少看到「全職」念書的當地學生。或許正因為如此，美國企業家和創意源源不絕，因為沒有退路，所以就像剛來到美國的移民一樣，兩手空空，想盡辦法把握機會或管道賺錢。

當一個人的後路被斷絕了，會變得更加獨立，也會比較務實，甚至比較現實，但至少可以驕傲地用自己的力量生存。父母親沒有義務贊助或者給孩子經濟上的支援，如果你有，代表你很幸運，更應該感激，然後善用得來不易的錢。我看到很多剛來美國的外國學生，房子要住最好的，衣服要買最有名的，薪水不高的工作絕對不做，卻總是毫不猶豫地購買機票去旅遊。我不是認為不能享受生活，也不認為「靠爸族」就是一群不上進的孩子，但是用自己賺取的金錢去享受生活，不是比較踏實嗎？

雖然美國家庭非常注重個別的隱私，孩子在成年後就鮮少繼續住在家裡，但美國人的家庭觀念其實比想像中還要緊密。我的一位美國同事每週末都會回家陪爸媽，也有人每一、兩天就會和媽媽通電話，在很多重要的節日裡，全家人都會從全國各地飛到父母家中齊聚一堂。

好萊塢電影教了我們好多西方世界的文化，但電影畢竟是電影，不能夠代表真正的文化。我剛來美國時，或許可以列出好幾十點與我們文化的不同，但經過一段時間之後，我反而無法區分出「美國與亞洲文化究竟有什麼不同」——雖然說不同的語言，但他們認真地工作，有著團結的家庭生活，依然愛著與被愛。最大的不同點，就是遭遇生活現實殘酷與壓力的年紀。

很多人可能和我一樣，「出社會」的年紀是在大學畢業之後，大約二十二歲左右。這個年齡的我們被稱為「草莓族」，因為在大學畢業前的人生，生活無虞，父母親與學校早就幫我們安排了一條最好走的道路，直到真的面臨職場壓力時才會無法適應。斷絕後路對我們來說或許太不真實，但看看美國年輕人怎麼拚生存，我們更應該感激，甚至更沒有「輸」他們的理由，因為我們比較幸運，擁有無怨無悔對我們付出的父母。

有沒有富爸爸不是個問題，有問題的是你的心態。

他們這麼說

You don't love someone because they're perfect, you love them in spite of the fact that they're not.

—— Jodi Picoult, My Sister's Keeper

◆

你之所以愛一個人，不是因為他很完美，而是即使知道他並非完美，你還是愛他。

—— 茱迪．皮考特《姊姊的守護者》

20

留學生日記：選擇留下之後

為什麼要留在美國？留在美國真的這麼好嗎？

到國外念書是很多年輕人非常嚮往的人生經歷；但是在畢業以後留在當地找工作，對很多人來說卻是一段痛苦的過程。對於從小生長在臺灣、沒有美國身分的我們來說，以現在美國的經濟狀況和就業市場來看，畢業後留在當地已不再是唯一的選擇。大多數留學生對於能否留在美國都會抱著姑且一試的心態，等這條路真的行不通時再打道回府。

留在美國的方法有很多，包括綠卡依親，五十萬美金的投資移民，或者是各種從臺灣本土公司派遣過來所使用的簽證，甚至直接娶（嫁）美國公民等。最多留學生申請的，也是大部分受過高等教育的外國人所使用的是俗稱Ｈ１Ｂ的工作簽證，一簽通常是三年，對於同一個雇主來說，最多只能有兩簽，然後雇主就必須決定是否幫你申請綠卡。假設高盛雇用你，你最多只能為高盛工作六年，六年後，高盛必須決定是否幫你申請綠卡；若高盛不願意，你就不能夠繼續利用Ｈ１Ｂ為美國的高盛工作。

如果你為一間公司工作了六年，職位與薪水均有可能已經達到申請綠卡的門檻，大多數公司都會願意幫你辦綠卡。至於為什麼公司不願意在一開始就幫你辦綠卡，考量的因素很多，除了薪水門檻之外，雇主害怕你一拿到綠卡之後就「走人」。畢竟Ｈ１Ｂ規定你只可以為幫你申請的那一間公司工作，如果你辭職了又沒有找到另一家願意贊助你Ｈ１Ｂ的公司，就必須離開美國或轉換回學生身分；而擁有綠卡等同於半個美國公民，你可以隨意辭職而不用擔心是否找得到另一個雇主。

對於想要申請Ｈ１Ｂ留在美國的留學生來說，步驟通常如下：留學上課、畢業後使用ＯＰＴ（Optional Practical Training）無工作簽證工作、找到願意幫你申請Ｈ１Ｂ簽證的雇主、抽籤、審核，最後十月一日簽證生效開始上班。ＯＰＴ是可以讓留學生畢業後不用申請H1B在美國工作的一個制度，而OPT的長度因你念的科系有所不同。通常念商科的只有十二個月，如果是其他符合規定的理工科系，最多可以再延長十七個月，所以總共有二十九個月的時間不用申請H1B而合法留在美國工作。

至於「抽籤」則是指每一年美國政府提供的H1B名額少於申請人數，所以他們會透過電腦抽籤的方式決定你的申請文件是否將被進一步審核。舉例來說，今年申請的總件數多達二十三萬件，但美國政府提供給碩博士學歷的H1B名額則只有兩萬個，提供給學士學歷的也只有六萬五千個；通常政府會先隨機抽取擁有碩博士學歷的申請文件，那些沒有被抽中的申請文件會被丟到學士學歷中再從中抽取六萬五千個名額。

留在美國工作除了要有「實力」之外，還必須有「運氣」。因為你要靠堅強的實力找到願意協助你和額外花錢贊助你工作簽證的公司；就算真的找到了，還要有夠好的運氣去贏得機率低於五〇%的樂透。有很多留學生朋友曾經問我：「到底為什麼要留在美國？留在美國真的這麼好嗎？」

首先，是最現實的關鍵——薪資。我不能確切地比較在美國與在臺灣工作了三到五

年之後的薪資，但我可以保證，如果你在「美商」工作，起薪絕對比在國內高。舉例來說，美國四大會計師事務所裡最基本的查帳員，起薪大約是年薪近六萬美金；金融業的分析師大概有七到八萬的起薪；而那些理工科的工程師則大部分起薪高達六位數美金。在稅賦方面，美國零零總總的稅加起來大概可以達到薪資的二〇%，比臺灣的所得稅率重了很多。

至於房租，如果你是住在昂貴的大城市，例如紐約或舊金山，每個月的房租並不一定都很貴，端看個人的喜好。如果你不想要有室友又想要離市中心近一點，一個月兩千美金的房租大概跑不掉，有些甚至超過兩千五百，逼近三千美金；如果你不介意有室友又不介意搭乘地鐵或者住在遠一點的地區，一個月的房租大概可以壓到一千左右。扣除掉稅賦、生活費與房租之後，在你的事業剛起步時，是可以存到一些錢。而這些剩餘的錢可能比在臺灣剛開始工作時多一些，如果住在美國較鄉下的地方，存的錢會更多。

比較完薪資，再來看看美國與國內工作環境的差別。其實對我來說，工作壓力這一方面，美國沒有比較輕鬆，還必須處理文化和語言方面的差異。當業務忙起來，工作到半夜是家常便飯，而被主管炒魷魚也是時常發生的事情。若硬要和國內的工作環境相比，美商給予員工的自由度絕對比較高，舉例來說，我在美國工作過的臺資銀行硬性規定午餐時間，然後必須每天加班，就算事情做完、下班時間也到了，也會等到主管離開之後我才走，否則，不僅惹來同事的閒言閒語，主管也會很不高興，覺得你為什麼這麼早走？而上級也常辱罵下屬，女同事被罵哭的情況時有所聞。

在臺灣職場環境下成長的我們對於以上事情並不陌生，當我在臺資銀行工作時，也不覺得有什麼不妥。我說服自己只要忍個幾年，有了經驗之後就走人。直到我進入美國本土銀行或中小企業後，才發現自己可以被如此信任和重視。

舉例來說，公司不會硬性規定我們的午餐時間，就連我想加班，都會被主管要求放下手邊的工作，提早回家，她要求我回家的理由是「人生還有很多比工作更重要的事情」。而與主管之間的關係有時候甚至更像朋友，工作有意見不合的時候，上級往往用私下溝通來代替謾罵。但要注意的是，正因為公司給予這麼多自由，也會更看重工作績效。千萬不要以為自由就是放縱，自由反而使人有更強烈的責任感，催促著做好工作。

對我而言，如果撇除家庭的因素，看起薪與工作環境，在事業剛起步時，美國看似是較好的選擇。可是誠如之前說的，要留在美國，一定要有「實力」，對於理工科的留學生而言，擁有文憑的重要性可能大過一切，但是對於其他科系的學生而言，例如商科，找工作的方法和社交能力則顯得更為重要，必須在短短十二個月的OPT時間內找到贊助。

一般來說，在美國找工作的方法可以分為三種——網路投遞、推薦和參與職業博覽會。「網路投遞」不外乎是透過學校的求職中心或者是獵人頭公司申請工作，又或是透過其他大型的就業網站，例如LinkedIn、Monster來投遞履歷。「推薦」則是透過社交或者朋友圈，請正在你想進入的公司裡工作的人把你推薦給HR——這通常是最容易獲得面試機會的方法。最後則是參與職業博覽會，通常一年之中，美國各大城市都會針對不同族群或者科系舉辦職業博覽會，有些時候高科技產業也會從國內直接來美國徵才。每年定期舉辦的Asian MBA Career Fair就是針對亞裔族群的商科學生舉辦的職業博覽會，有很多徵求亞裔商科人才的公司攤位，也有一些公司的介紹講座和履歷修改工

All
trains

作坊。

舉我的例子來說，在畢業前找工作時，規定自己每天至少在網路上投遞五份履歷，每天大概花去四到五個小時的時間，因為要找到符合經歷和興趣的工作機會並不多，就算找到了，還要花上一些時間修改履歷和客製化求職信。我覺得「網路投遞履歷」是一個「食之無味又棄之可惜」的方法，因為往往最耗時但投資報酬率又最低。當時，我投遞了將近一百封履歷，才得到五、六個面試機會，而有很多面試在知道你需要申請H1B之後，就會立刻拒絕你。

相對而言，找到認識的人推薦你是比較省力的方法，但這取決於你如何經營人際關係和找尋關係的方式。我們這些留學生會透過朋友、參與學校的活動和講座，或者是透過實習同事的介紹，認識某些公司的主管，與他們喝杯咖啡或是通電話，進而得到面試的機會。在異鄉打拚時，千萬避免樹敵，而且要盡可能認識不同領域的人，你不需要每週和他們碰面應酬，但偶爾聯絡是必要的，才不會讓他們覺得你在需要時才想到他們。

最讓留學生感到苦惱的就是參加職業博覽會，我曾透過職業博覽會取得兩個實習的機會。很多人說參與職業博覽會的關鍵是讓對方能夠記住你，但我認為要拿到實習的機會，博覽會後的聯絡更為重要。舉例來說，我通常把我的名片釘在履歷表背面，當對方翻閱著一整疊履歷表時，我的履歷表會顯得比較突出，他們也會多加留意。然後，在會後的當天晚上，我會寄給每一位在會上遇到和要到聯絡方式的人一封感謝信，並且在信後再附上一次履歷表的電子檔，供他們參閱。而在會後大概一個月的時間，我會再次主動發信聯絡那些人，不管是說聲佳節快樂，又或是寄給他們更新過的履歷表。總之，就是要讓他們知道你還在找工作，而且對他們公司極度有興趣，同時也很努力地不斷學習並改進履歷表。

找工作的三個方法是不間斷的工程，不僅考驗能力也鍛鍊你的毅力。當你找到實習，就要開始尋找下一個實習機會或是全職工作，沒有停止努力的時刻，直到某一天你的雇主願意幫你申請H1B為止。我為了這個目標，每天早上起床的第一件事就是在網路上投遞履歷，然後每個月前往職業博覽會，更不用提花費在改進履歷表、改善面試能力的時間，與到處尋求推薦的恐懼。但我知道絕對不能放棄，機會往往就在你放棄後

的那一刻才來敲門。

這樣的過程使很多留學生卻步，更質疑自己為何留在美國，但這段過程卻也是我拿到H1B後擁有最多回憶的時間，因為快速地成長。

美國曾有一位候選人在競選時談到貧富不均的問題，他說：「在美國，這裡沒有『窮人』與『富人』，只有『富人』與『尚未富裕』的人。」這句話給了我很大的震撼，也完全體現了「美國夢」的精髓。當你把這句話放在心中久了，就會發現自己被催眠，被催眠到不會想抱怨，被催眠到認定在這塊土地上，只要肯努力，似乎所有目標都可以達成。

在短短一、兩年找工作的光陰裡，我從臉皮很薄、很討厭和人說話的小鬼頭，到現在學會「專注在改進自己，並且停止擔憂尚未發生的問題」。我學會在公開場合裡做任何事情都盡量「少根筋」，包括與陌生人說話、社交活動的對談等，但在私底下，一定要花時間檢討平時說話的技巧和面試時的回答應對，明白哪些話說出來得體，哪些又顯得很失禮。如此周而復始，時間久了，最成熟的說話技巧就會在最輕鬆的時候，大方地展現出來。

在專注改進面試技巧和說話方式時，我開始想挑戰自己的極限和知道努力的成果，也沒有閒暇去抱怨生活上的壓力，因為我相信只要能夠變得更好，我的機會就比別人更多一些。如果網路投遞沒有效果，我會找到方法把履歷表傳真給雇主，也因此得到了面試的機會；我開始享受每一次檢討失敗，如果面試被拒絕了，也不再傷心，因為那是發現自己不足的絕佳練習。

總結來說，能夠留在美國打拚個幾年絕對是好的，可是你的目標一定要很明確——要知道自己留下來的目的，是賺錢？是賺取工作經驗？還是使自己成長？如果只是為了留在這裡，所以選擇做一些沒有前途的工作，領取少少的薪水，又不覺得學習到很多事，那真的「不如歸去」。

一旦目標訂立以後，不管發生什麼事情，你都不可以動搖。我遇到好多正在找工作的人，每天的心情都非常負面，不僅時常質疑美國到底有哪裡好，也不斷說服自己回亞洲也不錯。我想勸這樣的朋友，一旦開始找工作就得盡力去做，你只能夠檢討自己，而不是檢討這個國家、檢討這個體制。等你真的失敗了，或許還會慶幸真實地努力過，也會為自己能夠快速成長、學會停止抱怨而開心。

先分析留在美國的優劣，然後確定心態，努力地去拚。而H1B抽籤與面試的挑戰是每個留學生都會遇到的問題，端看你能否靜下心來，一步一步去面對和解決。

21

享受失敗

度過難關的最佳方法，就是逼迫自己繼續去做對的事情，然後什麼都不要想。

最近美國的女權主義抬頭，財政部宣布在二〇二〇年發行的十塊錢新鈔上，將首次出現女性歷史人物的頭像；而臺灣，二〇一六年的總統大選也極有可能選出華人史上第一位女性總統。雖然女性領導人在世界上其他國家的歷史中並不是頭一次出現，但女權主義被重視，無疑為其他少數族群打了一劑強心針。黑人、亞洲人，甚至是被稱為LGBT的同性戀，以及變性人族群，都在近幾年的美國社會當中，透過各種管道大聲宣告自己的存在，也向大眾揭露所面臨的各種歧視。

強者之所以能夠主導世界的主流文

化，靠的是歷史演進與多數人支持；而弱者要能生存並且被世界所接納，有時或許依靠流血鬥爭，有時很不幸地，必須依賴別人同情的眼光，但最重要的不是改變自己的人格或者特色，而是要尊重自己。

在臺北長大的我，和大多數家鄉的人一樣，有時候會積極地做夢，甚至接觸外國語言，使自己有機會體驗「不一樣」的文化。直到來美國，踏上別人的地盤，過著不熟悉的生活之後，才真正地體會到身為少數民族的滋味。

如果是一般與朋友的交際，你的異國背景很有可能是別人感興趣的主題；但如果要與當地人競爭，就要懂得當地的做事方式，甚至把自己變得更厲害，才能脫穎而出。

我在這裡輔導過好多畢業後要找工作的「新鮮人」，這些新鮮人雖然在美國沒有工作經驗，但大多在亞洲累積了相當多年的實務經歷。這些人的學術成績或專業知識當然都沒有問題，但使人訝異的是他們似乎已經學會了「否定」自己。

有人向我抱怨面試官很嚴厲，問了很多專業問題，讓他覺得念碩士根本沒有辦法找到工作；也有人一再向我強調他只是普通人，面試官可能根本看不上他；甚至有人焦慮到一直瘋狂寄信給面試官，鑽牛角尖地質問自己到底哪裡做不好。最後，他們都會導向一個共同結論：「留在國外的機會成本太高，又覺得自己被羞辱，還不如回臺灣過舒服的生活。」然後一一舉例臺灣哪裡比美國好，轉向仇視美國的工作環境。

雖然他們大多數的人都知道自己的不足，卻極少人選擇去改變自己；都明白磨練是對人生最好的成長，卻極少人選擇繼續打拚，而是花費心力替自己找到藉口，選擇放棄。

如果面試官都問你會的問題，就不叫面試了，就是因為有不會的問題，才會發現自己的不足，才知道有哪些地方可以改進。這個道理大家都懂，卻很少人願意接受。

我度過難關的最佳方法，就是逼迫自己繼續去做對的事情，然後什麼都不要想。

雖然你不夠優秀，但只要意識到自己不夠優秀，就擁有成長的機會。就算灰心，也請只灰心一秒，然後花時間精進自己，雖然在短期內可能看不到任何結果，但當你真正使用到新學習的技能時，才會驚覺自己真的變得比較強壯。

自卑感人人都有，很多人卻任由挫折感吞噬自己；我們該做的不是強迫自己擁有多強烈的自信心，而是腳踏實地地找到不足的地方，然後對症下藥。

女權運動在最近這幾年取得了重大的勝利，這勝利卻是由多少女性花費多少年的時間才努力達成的？同性戀婚姻雖然才剛全面合法化，可是你可曾看過他們停止去愛？《玩命關頭7》的導演溫子仁、Linsanity 的主角林書豪、Billboard 告示排行榜上第一個華人冠軍團體 Far East Movement，誰不是在自己的領域裡沉浮許久，卻堅持了下來，機會才終於找上他們。

成功的人往往不是那些最優秀的人，而是堅持到最後的人。你如果經歷過幾次機會突然找上門的快感，很有可能會上癮，然後開始享受失敗，成為不輕易放棄的人。

我很喜歡的 Flicker 創辦人史都華．巴特菲爾德（Stewart Butterfield）曾經說過的一句話：“I had unlimited role models, and the path to any of them was always an obvious straight line.”大意是說，在他心中有無數個榜樣，而成為那些榜樣對他來說就是一條最明顯的捷徑。

當你心中有了榜樣之後，確實能幫助你度過難關。

你會想要成為那位榜樣，而要成為那位榜樣，可能會走他所走過的路、做他做過的事，甚至遭遇一樣的傷害，但你不會放棄，因為知道在故事最後，你將成為你崇拜的榜樣，獲得成功。

這是幫助我從挫折中站起來的方法。當你專注在成功後得到的喜悅，就可以忘掉失敗的憂愁，就算最後真的無功而返，也更接近你心中的榜樣，成為更好的人。

少想一點，多走一步，忘情地拚就對了！

走下去？

22

Smart women marry for ___?

真正有能力的女生挑選對象時，會想到「自己到底需要什麼」，因為她們想要的生活可以由自己來爭取。

"Smart women marry for ?" 我向同桌的人問道。

"Love!" Victoria 大聲地吼道。

"Money, of course!" Angela 不甘示弱地叫著。

週五晚間與同事們在酒吧的一場聚會，竟然因為我一個簡單的問題，變成了鬧烘烘的辯論大賽。我會提出這個問題，其實是因為最近在網路上讀了一篇有趣的研究論文，比較九〇年代後期和二十一世紀初期美國丈夫和妻子的教育和經濟能力。

雖然「門當戶對」的觀念沒有深植在

美國人的傳統文化裡，但不管是九〇年代後期，或是結婚人數開始大幅下降的二十一世紀初期，丈夫和妻子的教育背景，在高達一半以上的婚姻裡是相同的。

我的辦公室裡，幾個會計師同事的老公或是老婆也在別的會計師事務所任職，就像很多醫師的對象也是醫師或是護士。或許正因為背景相同，更能瞭解對方的想法以及工作內容等。受過一樣高等教育的人們往往在類似的工作場合中相處，然後發現對方是適合步入婚姻的人。

但我對這份研究感興趣的地方在於高達三分之一的婚姻裡，女生的教育程度比男生還要高，換句話說，在這些美國家庭裡，妻子的薪水比丈夫多。

或許是我的想法還不夠成熟，又或許我的想法太傳統，看到了這個數字之後，我的第一個疑問竟然是：「女生會願意把自己的後半輩子託付給教育程度比自己低、薪水又比自己少的男人嗎？她們的家長會同意嗎？」

Victoria 是一個道道地地的紐約白人，是我們部門的老闆，儘管才三十歲出頭的年紀，已經結了婚，並育有兩個孩子，屬於我在前面所提到的那三分之一。她是我念碩士班時的學姐，而她的丈夫則是還在等待政府批准合法身分的西裔少數族群，平時在小型會計師事務所擔任簡單的記帳員，但大多數時間留在家中陪伴小孩。

「我賺的錢就夠整個家花用了，我老公的零用錢也是他自己賺的，小孩也是他帶。老實講，與他結婚前，我曾觀察他是不是是為了錢和我交往，後來發現除了較大的支出他無法負擔以外，平時都花他自己賺的錢，所以我們的薪水差距並不會造成生活的困擾。」

關於Victoria的家庭會不會反對這段婚姻，她給了我一個標準美國人的答案：「我父母親從來沒有問過我老公在哪工作……而且就算他們反對，也不會影響我想嫁給我老公的意願。」她進一步提到一段有趣的歷史：「千萬不要覺得所有美國人都很開放，直到她父母親那一代，在家庭裡都還有『男主外，女主內』的觀念。」Victoria的爸爸是一位醫師，媽媽原本在她父親的診所裡擔任護士，婚後隔年，媽媽就辭掉護士的工作，當全職的家庭主婦直到現在。但美國家庭的父母親鮮少干涉小孩的選擇，或是強把自己的觀念加注在孩子身上，尤其當孩子成年了以後。

針對我的問題，Victoria 選擇了「love」。她認為女人可以自己賺錢，不需要依靠男人提供家庭的支出。她選擇對象，純粹想找到互相深愛對方和願意照顧家庭的人，至於其他，她認為都是次要。

但這個回答顯然不能夠滿足 Angela，她是我們另一個部門的主管，年齡與 Victoria 相仿，老公目前任職於華爾街，是一間相當大的投資銀行主管。Angela 擁有碩士學位，去年剛結婚，據我所知，她之前交往過的對象在業界都是赫赫有名的大人物。

「就和你們男人有錢之後都會想找漂亮的模特兒一樣，女人有了好的工作之後，我們當然也要挑選對自己最有吸引力的男生。對我來說，男生一定要有錢和好的工作，因為我要嫁給一個『資產』，而不是一個『負債』。這個資產可以使我以後的生活過得更好、更有保障。哪一個女生不想要嫁給能力比自己好的男生？」Angela 激動地說道。雖然她把另一半分成「資產」與「負債」，乍聽之下似乎過於殘忍與現實，但這樣的想法似乎符合大多數亞洲女生對另一半的期待。

「你如果一味地與有錢人交往，要怎樣才能確定對方對你是真心的？」Victoria 激動地反問。

「當然要自己觀察啊！我的意思是說，男生的經濟能力絕對是我挑選對象時很重要的原則！」Angela 也激動地回覆。

就這樣，我的一個簡單問題，造成了這段飯局的熱烈迴響——兩位女上司爭論起誰的婚姻比較幸福。我尷尬地看著其他同事，繼續喝著手上未喝完的紅酒。這個話題並沒有誰對誰錯，卻凸顯了在這個年代，愈來愈多女生不再一味地追求自己的美貌，只為了能嫁給有權有勢的男生；相反的，她們主導自己的人生，擁有和男生一樣的選擇機會。這不是女權主義，而是時代的趨勢。對於很多較傳統的亞洲家庭來說，女生沒有必要念太多書或賺太多錢，她們的階段性目標是嫁給好老公。但在美國，至少在我的公司以及學術領域裡，這個現象已經開始翻轉，Victoria 如此，甚至 Angela 也是如此。雖然她們選擇對象的條件不同，但至少本身都有一定的條件與智慧，才能挑選最適合自己的對象。

love 也對，money 也對，但在回答這個問題時，不應該把答案侷限在某個層面。對我來說，比較正確的答案應該是：

Smart women and men marry for shared values.

真正有智慧的女人挑選的對象，絕對不會根據某個唯一的原因。love 對 Victoria 來說，或許是她挑選老公的條件，但如果她老公沒有一顆上進的心或不是願意照顧小孩的好爸爸，我想就算有再多 love，她也不會嫁給他。而 Angela 認為 money 是她挑選老公的一大重點，但其實她賺的錢就夠自己花用了，如果是花心的百萬富翁來追求她，我想她也絕對不會為了錢就答應嫁給他。

我認為一段婚姻裡，雙方在一起是為了 shared value。一個話不投機的人，就算愛你愛得再深，也不會打動你；一個想法不一樣的人，就算再有錢，也無法使你對他的想法「低頭」。愛很重要，錢也很重要，可是有智慧的女人在做選擇時，絕對以有沒有「共識」為基礎。

這個問題串起了選擇婚姻時的關鍵。可是我又發現，很多女生在選擇對象時，往往只想到男生能夠「給自己什麼樣的生活」，她們不是自己沒有能力，而是傳統觀念依然教導她們未來要交給男人的外在條件來決定。真正有能力的女生挑選對象時，會想到「自己到底需要什麼」，因為她們想要的生活可以由自己爭取，那些無法爭取到的，例如養兒育女的共識和生活的樂趣，才是她們的思考重點。

當時代不斷進化、女性地位不斷提升時，很多傳統的觀念不僅要改，還要重新定義它的價值。

"Smart women marry for ___?"

你的答案是什麼？

他們這麼說

I'm tough, I'm ambitious, and I know exactly what I want. If that makes me a bitch, okay.
—— ***Madonna***

◆

我很強硬、我有野心，我完全知道我要什麼，如果這樣讓我變成了一個爛人，我不在乎！—— **瑪丹娜**

23

我們同居吧！

同居後，才驚覺原來對方不是自己想要相處一輩子的那個人。

上個禮拜，在羅徹斯特大學念書時的美國同學剛剛結婚，他的老婆也是我的同學，他們在結婚之前已經同居了大約三年的時間，同居第一年就生下了一個可愛的小女孩。

不管是我之前待過的瑞典，或是現在讀書和工作的美國，婚前「同居」都是再正常不過的事情。就連很多從亞洲來這些國家讀書的男女，一部分可能是因為想省房租，另一部分可能基於在異鄉不願意忍受孤獨和想要有人互相照顧的理由，也展開與愛人同居的生活。

「Try before you buy!」一位加拿大

朋友 Jeff 和我聊到同居議題時，笑笑地對我解釋，他的話一語道破同居文化背後的原因。美國人做什麼事情都需要「鑑賞期」——公司給你正式工作之前會有試用期；買東西後通常幾個月之內都可以「無條件」退貨；正式成為男女朋友之前也會有為期不短的 dating。所以，婚前的同居現象對於美國人來說，當然也就見怪不怪了。

「同居」的議題在亞洲仍有著觀念上的衝突，對於我們這個年紀的男生來說，與女朋友同居不再是見不得人的事情；但是女生心裡卻還是有著一些疙瘩，可能還是不敢光明正大地讓父母、朋友知道正與男朋友同居，一方面怕人家覺得你是一個隨便的女生，另一方面也擔心保守的父母不會同意，甚至擔心他們開始「逼婚」。針對這個議題，我訪問了身邊來自於不同國家的女生。

「中國很大，高中畢業後獨自到外省市讀書的人很多，所以和男朋友同居的女生不在少數，但是通常不會讓父母知道我和男朋友同居。」一位來自北京的女生說。

「同居？不用想了！韓國的爸媽永遠不會同意的！」一位來自韓國的好朋友激動地回應。

「我不會想那麼多。通常我不會很快和我的 date 同居，但如果我想要定下來而又互相深愛著，同居也沒有什麼不好的。」這個答案來自於一位美國女生。

「那妳的爸媽會有任何意見嗎？」我繼續問那位美國女生。

「Hm……我爸媽都會知道我和男朋友住在一起，其實我從大學時就與當時的男朋友同居了。不過話說回來，父母為什麼要對你的同居對象有意見？」她不解地回問我。而我竟無法給出很好的答案。我們從小就是這樣被教育著，突然要我給出一個合理的解釋，我反而想不出所以然。

針對同居這個議題的反應，是東西方成年人對看待幸福的角度有所不同。西方人看重的是實質上的幸福和感受，而為了追求快樂，他們顯得比較自私，比較不在意他人的眼光和評論。只要能夠活得快樂，人當然有權利做選擇；只要婚姻能夠幸福，當然可以利用同居「試用」未來的這段婚姻。

東方女生當然也非常重視自己的幸福，但他們同時必須在意他人的眼光、兼顧親朋好友排山倒海而來的評論。保守的家庭覺得女生在婚前和男生同居就是吃虧，以後若分手了會很難嫁出去，這又可以激起一番男女不平等的討論了。

我百分之百支持婚前同居——可是前提是雙方有結婚的共識。我們或許無法像西方人一樣，可以完全不顧父母的意見而與歷任男女朋友同居，但在婚前和未來可能的另一半同居一、兩年，絕對是對於婚姻生活不可或缺的健康檢查。

根據統計，美國約有二三％的情侶會進行婚前同居，也就是每四對情侶之中就有一對處於同居狀態。而在三年的同居期過後，這些情侶們約有四〇％會正式步入禮堂，三二％繼續同居，而二七％（約三分之一）的情侶們會選擇分手。統計資料乍看之下沒有什麼特別之處，但仔細想想，假設同居的情侶們跳過同居過程，直接進入婚姻，幾乎每三對夫妻就會有一對在婚後三年內步向離婚一途。這是多麼可怕的數字！

婚後的生活絕對與交往時有很大的差異，不僅生活習慣要磨合，很多在熱戀期裡沒有注意到的一些生活小缺點也會在同居時被無限放大，甚至發現對方平時看不到的壞脾氣。許多人在同居後，才驚覺原來對方不是自己想要相處一輩子的那個人。

我有一個朋友和女朋友在一起兩年，去年年初時決定同居，同居短短一年不到就分手了。分手的原因，女生說是因為男生的生活習慣太差，男生則是說女生的控制欲太強，使他的生活沒有喘息的空間。如果問題發生在結婚之後，離婚所造成的傷痕可能比分手更加痛苦，牽扯進來的問題更多，這也是很多社會新聞總是出現在婚後的原因，包括家暴、外遇等。

我非常支持婚前同居，雖然現在美國很多州的法律還沒有承認同居人之間的權利，但很多情侶在認真同居前會簽署一份「居前協議書」，裡面載明雙方如果分居後的財產分配或小孩的扶養權等。情侶簽協議書雖然看似冷酷，但是對於成熟理性的成年人來說，應該都能理解這種未雨綢繆的心情。

很多人在婚後才開始思考如何使婚姻持久，婚前同居或許是感情健康的祕訣。如果你還是很介意別人的想法，我要再強調一次：幸福要由自己判斷，如果你的婚姻只是為了滿足社會期待和他人需求，就還沒有學會如何對自己負責。

「同居」絕對不是禁忌話題，反而是成熟個體掌握未來幸福的方法，也是模擬未來婚姻生活的健康管道。

24 夢寐以求的異國婚姻

每一段婚姻都會有特別的問題，異國婚姻只是把某些問題放大了，夫妻雙方必須承擔更多指責，做出更大的犧牲來維繫婚姻。

異國婚姻在近幾年不僅非常盛行，更令很多女生夢寐以求。不論在亞洲或歐洲、美國的大城市裡，外國人搭配亞洲女生的組合隨處可見，甚至讓人覺得再正常不過，不會想多看一眼。

造成外國男生「亞洲熱」的原因有很多，就我身邊與亞洲女生交往過的外國男生所說的理由，不外乎是亞洲女生很性感、有智慧、很聽話、家庭觀念很好、會煮飯、做家事，甚至對於孩子的教育也很有一套。而女生對於異國婚姻充滿憧憬的理由，聽起來似乎更浪漫了一些：外國男人比較注重生活情趣、可以體驗不一樣的生活、可以生可愛的混血兒寶寶。

多數男人（包括外國人）都喜歡聽話的「小女人」；而多數亞洲女生似乎受到好萊塢電影的影響，對於外國男生總是充滿浪漫的想像。雖然把婚姻這樣極為重要的事情套上男女雙方的供需理論，聽起來很不浪漫，但就是因為這些刻板印象，使異性對你產生吸引力和想像空間，促成交往的動機。

成功且幸福的異國婚姻比比皆是，但真的有我們想像中那樣美好嗎？

首先就是語言問題。兩個出生在不同國家、說著不同母語，並且在不同地方生活過的人，突然間結了婚，展開屬於兩個人的全新生活，不管最後決定移往哪一方的家鄉定居，都有一方必須離開自己生活了幾十年的故鄉，學會在全然陌生的環境裡生存下去。

如果你的母語是中文，而丈夫是美國人，決定婚後要追隨他定居美國，這個問題不大。因為在美國大城市中，有些地方不需要說太流利的英文就可以與人溝通，而且用依親身分在美國找工作，相較其他地方而言也比較容易。如果你嫁到了一些歐洲國家，可能就必須花時間進修當地的語言，而要找到當地較高階的工作，也不是那麼容易。

我大學時期的一位好朋友Peggy，分享了她嫁到瑞典斯德哥爾摩的故事。

在瑞典，外籍新娘不是少數族群，所以政府會提供很多教導外籍新娘瑞典語的課程。Peggy的老公是一位貿易商，基本上一個月只會回家一趟，所以獨自待在異鄉的她，就必須像個剛成年的小朋友一樣，學會獨立打理自己的生活。她白天在語言中心上課，下午回家帶小孩，因為語言不通的關係，剛到瑞典的前幾年，只會與當地人比手畫腳。有時候她很沮喪，覺得自己在別人的眼中像是次等公民，而她在當地除了在語言中心裡認識的同學之外，平時沒有朋友可以一起出門散心，唯一的發洩管道就是打電話回臺灣的家。

「一定要厚臉皮撐下去，不然小孩子三餐的菜誰來買？而且學習新的語言對於有點年紀的我來說真的有些困難……」Peggy激動地在電話的另一頭說道。

而語言和文化的差異，除了體現在異鄉的生活之外，就連與另一半溝通也會遇到相當程度的阻礙。畢竟不是在同一個環境下成長，難免遇到觀念上的差異，而通常解決這些差異的方法就是溝通，但用母語好好溝通都有問題了，更何況用其他國家的語言？

「有時候會覺得對方離你好遠，因為很難隨心所欲地與他聊心裡想講的事，就算成功地表達出來，他也不一定聽得懂。」Peggy 無奈地說道。

據她的說法，在瑞典的生活除了陪伴小孩的喜悅之外，就是寂寞。雖然說不上是吃苦，生活的環境也不差，但就是缺少了一份「家」的舒適感。

另一方面，雖然美國的父母似乎不怎麼在意子女的另一半，但我也聽過某些觀念較為傳統的家庭出現「婆媳問題」，要徹底融入丈夫家庭，獲取其他家庭成員的信任，對於亞洲媳婦而言也是一大挑戰。

我在羅徹斯特大學的同學Carol嫁給了另一位美國白人同學，他們定居在紐約上州。據她說，丈夫的父母非常疼愛她，但是每當有家庭的重大聚會時，她卻總是無法融入婆家的氛圍。她常向我抱怨，在婆家的聚會裡常常說不到任何話，而丈夫的姐妹也對她愛理不理。

「最誇張的是有一次她們居然在餐桌上，透過我老公傳話給我！好像把我當成透明人一樣，非常不尊重！」Carol 說道。

我知道Carol的例子是特殊個案，但不可否認地，身為外國媳婦要成為丈夫家庭裡的一分子，需要付出的努力絕對不會少。除了語言和文化隔閡，擁有兩個孩子的她也說出許多異國婚姻裡遭遇的問題，包括夫妻雙方處理金錢的觀念不同，還有對於孩子教育理念的差別。她說，美國人比較敢花錢，通常錢一賺進來之後，丈夫就會去買一些奢侈品來滿足自己的欲望，結婚五年多了，她幾乎每天都在苦惱孩子將來的學費和生活開銷。而對於孩子們的教育問題，包括該學習什麼語言和才藝，她與丈夫幾乎每一、兩個禮拜就會發生一次嚴重爭執。她認為美國人對於小孩極度放任，除了不打不罵之外，幾乎不去理會小孩哭鬧，時常任由孩子們摔倒或耍脾氣。

我相信很多人對異國婚姻的幻想可能因此破滅，但每一段婚姻都會有特別的問題，異國婚姻只是把某些問題放大了，夫妻雙方必須承擔更多指責，做出更大的犧牲來維繫婚姻。我並沒有刻意地說出一些嚇人的故事，只是訴說現實中發生的事情。

男人就是男人，女人就是女人，這是不分種族與國籍的。有些外國人可能會像電影裡一樣浪漫，但家暴事件也時有所聞；有些外國人的確懂得過高品質的生活，但摳門和破產的丈夫也很多；有些夫妻懂得互相尊重，但過度理性與不受控制的另一半、希望你簽婚前協議書、不讓你管錢的對象也到處都是。

Carol 和丈夫一個禮拜去一次婚姻諮商，因為除了大大小小的爭吵之外，兩個人都已經對這段異國婚姻感到心灰意冷。不過，雙方還願意花時間去修補這段關係，我祝福他們能夠穩定地走下去。最後，我問她，對於憧憬異國婚姻的女生有沒有任何忠告時，她冷冷地說道：

「當你和外國人談戀愛時，享受的是新鮮感和路人關注眼光的驕傲，但當你們結婚，你不是嫁給一個人，而是一整個文化，和所有被放大的婚姻阻礙——千萬不要被電影給騙了！」

憧憬異國婚姻的你，或者正在和外國人談戀愛的你，絕對不要因為 Peggy 和 Carol 失望的言論而卻步。另一半是否為外國人並不能夠決定你的幸福，找到一個願意為你犧牲也甘願奉獻的男人才是最實際的。

祝福你。

ND CENTRAL
TERMINAL
PERSHING
SQUARE
Street Closed

East 42nd St
PLAZA
PUBLIC
PROMENADE SEATING
OPEN WEEKDAYS
OUTDOOR CAFE
OPEN WEEKENDS
MAY - OCTOBER

25

離婚，容易嗎？

離過婚更要勇敢做自己，並瞭解這不是任何人的錯誤，而且你絕對有權利期盼下一段更美好的戀情。

愛上了一個人，你希望能夠和他一起生活、共組家庭，或者一起體驗及發掘人生中有趣的事。婚姻不管在東方還是在西方，對很多女人來說都是人生幸福的里程碑，也是很多情侶在一起的最終目標，但是很可惜地，有時候事與願違。

臺灣的離婚率與鄰國相比算是相當高，大約落在二五到三〇％，美國的離婚率則高達五〇％，紐約這樣的大城市，離婚機率更高了一些。而據我在歐洲朋友的轉述，美國的離婚率對很多歐洲國家來說，根本不算什麼，西班牙或俄羅斯的離婚率甚至超過六〇％。

離婚的原因很多，不管是分擔經濟，或是個性不合，都可能使夫妻雙方放棄這段婚姻。對很多未婚的年輕讀者來說，或許有許多疑問，質疑夫妻雙方為何不多瞭解彼此之後再步入婚姻？為何不先協議好婚後的經濟與生活的分擔問題？但愛情就是這麼撲朔迷離，尤其結婚又需要衝動，兩人決定步入婚姻的那一刻根本不可能如此冷靜地思考。經營婚姻也比愛情複雜得多，不僅需要深厚的感情基礎，更需要投注時間與精力來維持。

「離婚」反而是夫妻在面對問題時最容易產生的念頭，因為這麼做似乎可以使痛苦立刻煙消雲散。

美國的離婚率高，我身邊不乏離婚過的女生朋友們，這些離過婚的女性，有些甚至是單親媽媽，每天的生活卻一樣多采多姿——她們約會的對象絕對不會少，而且夜生活一個比一個還精彩，工作看似也沒有受到任何影響。

Nina 就是最好的例子，她曾經是我的室友，是俄裔的美國人，從小在紐約長大。她二十四歲時，就與當時的丈夫結婚，並生了一個女兒，一直到去年，她二十七歲，和丈夫離了婚，並搬到我這一間公寓，變成我當時的室友之一，現在已經搬出去與她男朋友一起住。Nina的年齡與我相仿，我寫這篇文章時，約她出來在咖啡廳碰了面，問了她一些關於美國婚姻的問題，或許可以從她的回答當中，更瞭解美國年輕人的婚姻觀念。

我最好奇的就是——離婚後對一個女人生活的影響。

「老實說，離婚讓我變得更開心。當我知道了婚姻真實的樣貌之後，反而更珍惜現在的單身生活。人都會犯錯，我在二十歲出頭的時候嫁給一個不適合的人；現在離了婚，反而知道自己想與什麼樣的男人共度未來。」她說。

我接著問：「你覺得以離婚女生的身分，在這個國家會對你找尋另一半產生任何阻礙嗎？因為在亞洲，很多女生離了婚之後會變得缺乏自信，甚至會為了孩子等因素而卑躬屈膝地隱忍，只為了維持完整的家庭，更不用奢望在離婚後遇到接納她過去的好男人。」

Nina回答：「與其讓我女兒在不快樂的家庭中成長，還不如靠自己的力量給予她最好的生活環境。我不會因為曾經離婚而感到不安，與我現在的男朋友感情也很好。對我們來說這根本沒有什麼，因為人都會犯錯，沒有人想要離婚，而且說穿了，離婚只是愛情的一部分歷史而已，你們又何必這麼在意呢？」

對於較為傳統的亞洲家庭來說，離婚的女人就是「貶值」的女人，不僅父母不會給妳好臉色，甚至會招來親朋好友不好的觀感和嘲諷。但是在美國，每個人都是獨立且完整的個體，婚姻當然也是人生中的一件大事，但不像我們過度依賴它的存在。如果一段婚姻失敗了，就整理好自己重新出發，依然自信地度過每一天。在男女平等的觀念影響下，女人不再是男人的附屬品，當一段婚姻不再讓女生有任何眷戀時，可以隨時說走就走，她的工作依然可以養活自己，並且提供孩子不錯的生活環境。

也許有人認為西方人是較為「感情用事」的民族——往往說愛就愛，說分就分。我不能否認，但是每一對夫妻都有感情問題，不分東方或是西方，尤其在擁有了孩子以後，問題會更複雜，不管在婚前做過再多計畫和考量，也絕對趕不上婚後的變化。

Nina 的婚姻或許來自於年輕時的衝動，而離婚或許是為此付出的代價，但是離婚對她而言，就像和男朋友分手一樣自然，她甚至不覺得自己損失了什麼。所以與其說西方女生較為衝動，還不如說西方女生較有自我意識——幸福勝過一切，而且是自己掌控的。

就像我問 Nina，她男朋友的父母會不會在意或反對他們在一起，因為她不僅離過婚，還擁有一個女兒，她疑惑地反問我：

「為什麼要在意他們想什麼？我和我男朋友覺得沒有問題就好了啊！」

在紐約生活久了，「離婚」這件事情似乎不再是禁忌話題。我曾經在酒吧裡看到一對狀似情侶的男女卿卿我我，男生大聲地對女生說他的老婆希望擁有 open relationship，也就是在有婚姻的前提之下，夫妻可以在外另尋伴侶。我也曾經有一個結婚十四年的朋友，他的老婆突然提出離婚，在完全不顧還有兩個孩子的情況之下離開家庭。甚至在許多「初次見面」的場合裡，女生早已不避諱使用 ex-husband，也就是「前夫」這個名詞。幾乎已經沒有人會因為離過婚的身分而 judge 你。每一個人都是獨立且完整的個體，當下一段戀情來臨時，對方愛的是你的「人」，不會因為你的過去而改變愛你的心，真心愛你的人最終會愛上你的「全部」。

Nina繼續幽默地補充道：「在俄羅斯，其實有些雇主比較喜歡雇用離過婚的女生——因為過去的婚姻代表了你不是個怪胎，而是有魅力的女人，是男生想結婚的對象喔！」

Nina給了我們不一樣的觀點，亞洲女生往往把婚姻的失敗歸咎於自己，但大多數西方女生卻把問題分析為感情本身，無時無刻給自己正面的力量，她們較有自信，不會為了滿足社會觀感和傳統文化而活。

沒有人想要離婚，一旦遇到了，也只能夠接受，並且從中找尋學習的機會，而不是貶低自己。傳統文化和家庭的觀念或許可以減少離婚機率，並使人更審慎地選擇結婚的伴侶，但如果為了維持家庭的完整而犧牲掉某一方的快樂，或許是另一場災難的開始。

結束了與Nina的訪談，她與我擁抱道別，然後轉身離去。我看著她美麗又充滿自信的背影，很難看出離婚在她身上留下什麼痕跡。在紐約街頭，隨處可以見到離過婚的女人和男人。很多人曾經認為西方人離婚率高的原因，可能在於法律較為寬鬆，或是西方人較不負責任、較為開放。我卻認為他們只是比較懂得做自己，並且不願意花時間浪費在使自己不快樂的事情上，那些簽下婚前協議書的夫妻們，就算知道離婚帶來的後果也在所不惜。規範或合約的束縛畢竟不能預防感情決裂，一輩子就這麼短暫，自己的快樂有時真的比很多事情都重要；世界也不會因為你的犧牲而變得更美好，與其自責婚姻的失敗，還不如接受結果，然後繼續擁抱陽光。

如果你曾經離過婚，我希望你繼續勇敢地去做自己，並瞭解這不是任何人的錯誤，而且你絕對有權利期盼下一段更美好的戀情；如果你正在婚姻裡感受巨大的痛苦，我希望你正視這段婚姻的問題，並且勇敢地問自己是否甘願一輩子就這樣掙扎地度過。

快樂，或許才是解決問題的關鍵字。

MILL LN
WAY

26

後記：最小陰莖的盛會

就算你與很多人「不一樣」，那不代表你「錯了」。

你對身邊的男生朋友、男朋友，甚至是這個社會上所有男性的期望是什麼？

小時候跌倒了，媽媽總是告訴我：「你是男生，所以要勇敢，不能哭！不然人家會笑你。」

漸漸長大後，定義一位男性是否成功，他的「尺寸」似乎往往成為唯一的標準：買的房子要大、地段要好才是富有；長得要高、要帥才是條件好；有肌肉的男生才 man；有好工作的男生才上進；甚至，陰莖大的男生才真正擁有雄性魅力。這些「尺寸」訂立了一套標準，告訴世人什麼才是男性應該追求的，什麼該被嘲笑、鄙夷。

但是，「尺寸」真的那麼重要嗎？

今年六月，我跟著朋友一起在布魯克林的酒吧裡觀賞了一場一年一度的競賽，帶給我看待世界完全不一樣的觀點，也讓我更加確信布魯克林就是世界上所有性別革命的起源地。

這場競賽的名稱叫 Smallest Penis Pageant，你沒有看錯，直接翻譯成中文就是「最小陰莖的盛會」——目的是選出全紐約陰莖最小的男人。

「這場盛會的目的就是為了陰莖。我們要用最大的熱情去祝賀這些世界上最小的男人！」戴著粉紅色假髮的黑人主持人，在競賽一開始就大聲地宣布。

她繼續向臺下密密麻麻的人喊著：「如果你來到這裡是為了取笑那些人，最好現在就給我滾出去！」語畢，每個手持著啤酒的人，或許因為受到酒精的刺激，全部在臺下歡聲雷動。之後，活動正式開始。

這場競賽的參賽者不多，只有五個人，但每個人都卯足了全勁想贏得這場競賽。競賽的過程很簡單，除了在開賽前每一位參賽者要向其他參賽者「嗆聲」之外，評審主要的評分依據來自參賽者的三段表演。前兩段表演分別是穿著正式服裝與泳裝進行走秀，而第三段則是才藝表演，雖然說是服裝走秀，但每位參賽者幾乎都只穿了件透明小內褲就上場，在臺上載歌載舞、說笑話或唱歌。我們這些觀眾與其說是來觀賞一場競賽，還不如說是來享受一場嘉年華會，讓自己放聲喊叫。

「尺寸」真的重要嗎？這場競賽就是最好的答案，最後評審選出的冠軍不是依據他的尺寸大小，而是帶給觀眾的歡樂程度。其中一名參賽者在「嗆聲」時對著臺下感性地說道：「這是我人生當中第一次，能夠和大家慶祝我的小『陰莖』！」

我們從小就被灌輸什麼是「對」、什麼是「錯」的價值觀，或許這些價值觀可以為社會治安帶來正義，但是對於性別或是自己的身體，卻是再沉重不過的壓力。一位裁判在開賽時說道：「希望所有的人都可以對他們的身體感到驕傲！」

「最小陰莖的盛會」散發出使我震撼的訊息——竟然把自己被認為是全身上下最「不好」的部分，勇敢地展現在歡聲雷動的民眾面前，並且驕傲地接受讚美。

1329 - 1325
Broadway
NO
TURNS
101 - 169
West 34th St
ONE WAY
DEPT OF TRANSPORTATION

這次經驗使我真正從不同角度看待任何事情，就算你與很多人「不一樣」，那不代表你「錯了」，反而更應該充滿自信心地接受自己，因為如果連你都否定自己，就更不用期待他人給你肯定。

這也是我在本書中想散發的訊息：兩性平等講的是要你可以做自己；約會、婚姻及同居議題所表達的是要你做出對自己最好的選擇；異國戀情應該是真正的感情，而不只為了新鮮感；交友網站介紹的是你擁有自由去選擇找到另一半的方式；同性戀或者是變性人的議題，則想鼓勵你踏出第一步，勇敢聽從自己的渴望；工作以及心態養成的文章則希望你靜下心來改變自己，而不是批評他人。

關鍵字就是你「自己」，一定要懂得先做自己、瞭解自己、尊重自己，然後才能不在意別人的想法，恣意去過自己想要的人生。就像舉辦「最小陰莖盛會」的餐廳老闆娘所說：「這個競賽無關大小，而是關於自信和內心（confidence and heart）。每一個人都應該為自己感到驕傲。」不管你是誰，住在哪裡，或者是和身邊的人有多麼地不同，都要感到驕傲。

這本書接近尾聲了，但你還是可以在其他的專欄裡找到我。希望這些文章可以給你力量，如果有任何想法，歡迎隨時與我連絡。我藉由書寫，傳達我對這世界的愛，為你加油！

他們這麼說

Promise me you'll always remember: You're braver than you believe, and stronger than you seem, and smarter than you think.
—— A.A. Milne

◆

答應我你會永遠記得：你比你自認的還要勇敢，比你所見的還要堅強，比你想像的還要聰明。—— **艾倫．亞歷山大．米恩**

圖片資訊

頁碼	出處、拍攝者
封面	Photo Credit to Boris Brownstein
4-5	Simon Powell Photography@ Flickr , CC BY 2.0 https://flic.kr/p/eiyrUG
9	Photo credit to Jeff Yuk
10-11	Guilherme Nicholas Photography@ Flickr , CC BY 2.0 https://flic.kr/p/w5epfU
16-17	Photo credit to Janet Yeh
24-25	Jeffrey Zeldman Photography@ Flickr , CC BY 2.0 https://flic.kr/p/s7cKHe
28	Dee Ashley Photography@ Flickr , CC BY 2.0 https://flic.kr/p/aAvBve
33	Luke Ma Photography@ Flickr , CC BY 2.0 https://flic.kr/p/qyYeXs
37	Ryan Vaarsi Photography@ Flickr , CC BY 2.0 https://flic.kr/p/pEgyhC
44	Ryan Vaarsi Photography@ Flickr , CC BY 2.0 https://flic.kr/p/rtNkjr
52-53	sopasnor Photography@ Flickr , CC BY 2.0 https://flic.kr/p/nhXSmh
60	hobvias sudoneighm Photography@ Flickr , CC BY 2.0 https://flic.kr/p/zwuK8
68-69	Ralph Hockens Photography@ Flickr , CC BY 2.0 https://flic.kr/p/7CbBuE

圖片資訊

頁碼	出處、拍攝者
72	Kurtis Garbutt Photography@ Flickr , CC BY 2.0 https://flic.kr/p/en1p8g
76	Walter-Wilhelm Photography@ Flickr , CC BY 2.0 https://flic.kr/p/b4i57F
79	Photo credit to Wendy Sung
80	Photo credit to Wendy Sung
81	Photo credit to Janet Yeh
84	Photo credit to Wendy Sung
88-89	Photo credit to Janet Yeh
96	Photo credit to Wendy Sung
104	Agustín Ruiz Photography@ Flickr , CC BY 2.0 https://flic.kr/p/6VvFPx
108-109	Ralph Hockens Photography@ Flickr , CC BY 2.0 https://flic.kr/p/5G238K
113	上：Mike Mozart Photography@ Flickr , CC BY 2.0 https://flic.kr/p/uX4Gx5 下：http://goo.gl/PtkZQz
116	Photo credit to Wendy Sung
124-125	Jeffrey Zeldman Photography@ Flickr , CC BY 2.0 https://flic.kr/p/qjoJRo
129	Photo credit to Wendy Sung

EXIT

圖片資訊

頁碼	出處、拍攝者
133	Dan DeChiaro Photography@ Flickr , CC BY 2.0 https://flic.kr/p/9YPKGz
136	hobvias sudoneighm Photography@ Flickr , CC BY 2.0 https://flic.kr/p/A1BBt
149	Photo credit to Wendy Sung
157	Photo credit to Wendy Sung
164	Photo credit to Wendy Sung
169	Kevin Dooley Photography@ Flickr , CC BY 2.0 https://flic.kr/p/cjiYRW
177	Marcelo Nieves Garcia Photography@ Flickr , CC BY 2.0 https://flic.kr/p/fB645M
181	Jeffrey Zeldman Photography@ Flickr , CC BY 2.0 https://flic.kr/p/uLCppP
189	Clemens v. Vogelsang Photography@ Flickr , CC BY 2.0 https://flic.kr/p/75Aqy7
193	Rodrigo Paredes Photography@ Flickr , CC BY 2.0 https://flic.kr/p/5JkxAe
196	Photo credit to Wendy Sung
200-201	Rodrigo Paredes Photography@ Flickr , CC BY 2.0 https://flic.kr/p/uY769s
205	Billie Ward Photography@ Flickr , CC BY 2.0 https://flic.kr/p/qicJxu

圖片資訊

頁碼	出處、拍攝者
208-209	KIDKUTSMEDIA Photography@ Flickr , CC BY 2.0 https://flic.kr/p/hSicXG
218-219	Geoffrey Etwein Photography@ Flickr , CC BY 2.0 https://flic.kr/p/rwM5Hu
225	Boris Kasimov Photography@ Flickr , CC BY 2.0 https://flic.kr/p/dGxXva
232-233	Dan DeChiaro Photography@ Flickr , CC BY 2.0 https://flic.kr/p/8EAtYK
241	Jeff Gunn Photography@ Flickr , CC BY 2.0 https://flic.kr/p/9ij8WY
245	Al King Photography@ Flickr , CC BY 2.0 https://flic.kr/p/9J8Mfz
248	t.germeau Photography@ Flickr , CC BY 2.0 https://flic.kr/p/4X3t42
252-253	Photo credit to Wendy Sung

VIEW 系列 031

我在紐約，愛你

作　者——郁 舜 Nick Hsu
主　編——邱憶伶
責任編輯——麥可欣
責任企畫——葉蘭芳
美術設計——謝佳穎
插　畫——劉彥岑
董事長——趙政岷
總經理
總編輯——李采洪
出版者——時報文化出版企業股份有限公司
一〇八〇三臺北市和平西路三段二四〇號三樓
發行專線——（〇二）二三〇六六八四二
讀者服務專線——〇八〇〇二三一七〇五・（〇二）二三〇四七一〇三
讀者服務傳真——（〇二）二三〇四六八五八
郵撥——一九三四四七二四 時報文化出版公司
信箱——臺北郵政七九～九九信箱
時報悅讀網——www.readingtimes.com.tw
電子郵件信箱——newstudy@readingtimes.com.tw
時報出版愛讀者粉絲團——http://www.facebook.com/readingtimes.2
法律顧問——理律法律事務所　陳長文律師、李念祖律師
印　刷——和楹印刷股份有限公司
初版一刷——二〇一五年九月十一日
定　價——新臺幣三〇〇元

⊙行政院新聞局局版北市業字第八〇號

國家圖書館出版品預行編目 (CIP) 資料

我在紐約，愛你 / 郁舜著 . -- 初版 . -- 臺北市 :
時報文化 , 2015.09　面 ;　公分 . --（VIEW 系列 ; 31）
ISBN 978-957-13-6377-6（平裝）

1. 成人心理學 2. 戀愛 3. 兩性關係

173.3　　104016245

ISBN 978-957-13-6377-6
Printed in Taiwan

Love in NYC
A journey to a better me.

Love in NYC

A journey to a better me.

Love in NYC
A journey to a better me.

Love in NYC
A journey to a better me.